나의 철학 이야기와 그림

나의 철학 이야기와 그림

최양규 글·그림

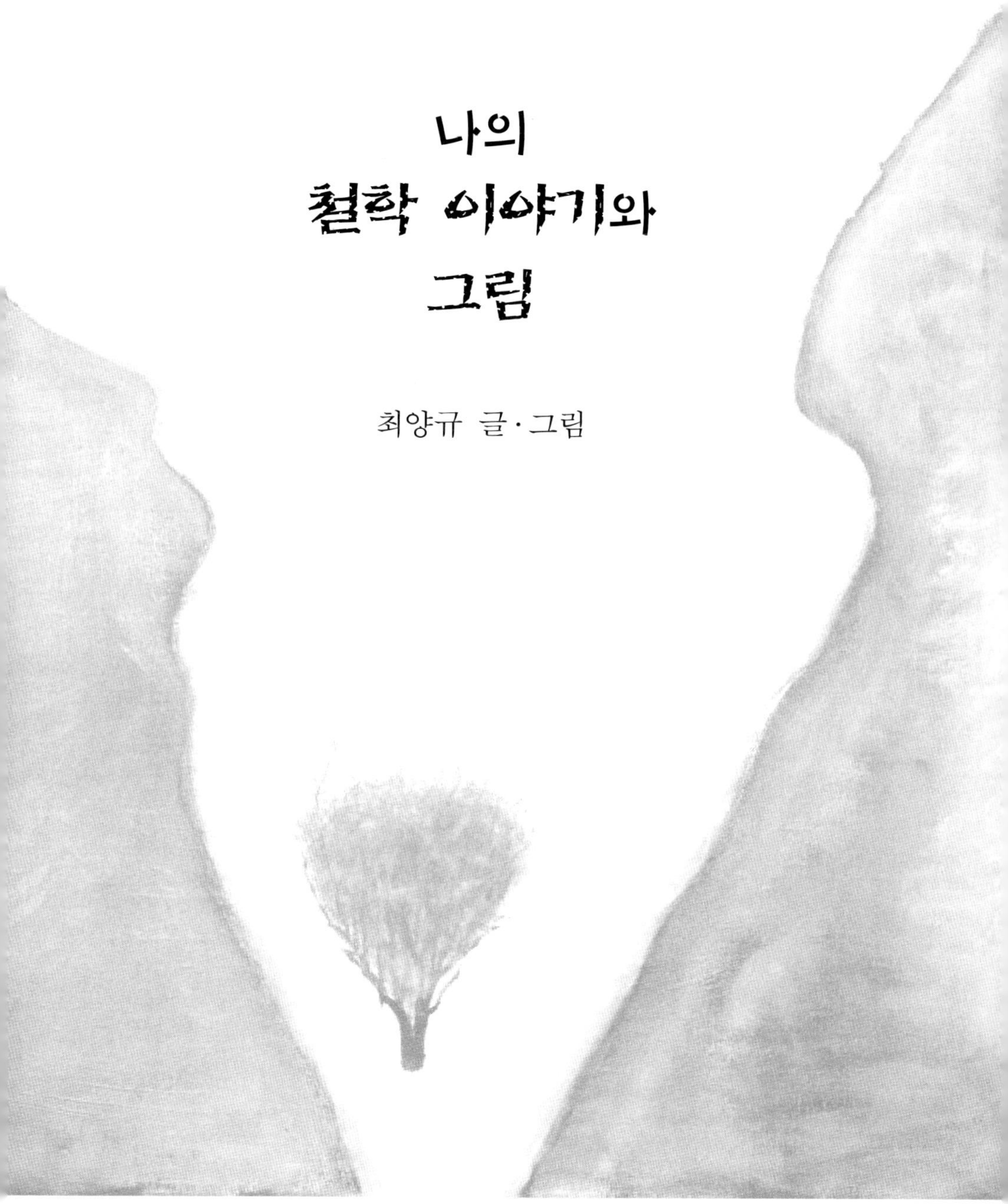

학자원

글을 쓰는 의미에 대하여

우리는 지금 어디쯤에 와 있을까?

시공의 시작과 끝을 모르니 우리 시대를 중심으로 좌표를 설정하고 이야기할 수밖에 없다.

우리는 정치적으로 민주주의 그리고 경제적으로는 자본주의에 살고 있다.

주변 환경을 살펴보니 모든 것이 자연과 인간 그리고 신과의 관계에 얽혀져 있음이 틀림이 없다 먼저 자연을 살펴보면 인간은 시공을 극복하거나 적응하는 과정에서 도보 시대, 마차 시대, 자동차 시대를 거쳐 그리고 지금 비행기 시대에 살고 있다 그러면 앞으로는 먼 훗날 광속 비행 시대에 살 것이다. 개인 비행 시대에는 말 그대로 개인이 비행 장비를 갖추고 하늘을 날아다니는 것이 지금의 자동차를 운전하는 만큼이나 일반화될 것이다. 이때는 자동화는 물론 개인의 자유가 증대되면서도 통제가 강화되고 자본주의는 박물관에서나 찾아볼 수 있는 유물일 것이다.

왜냐하면 자본주의는 환경에 대하여 너무나 비우호적이고 자원 사용에 있어서 너무 비효율적인 시스템이고 자본의 속성상 부의 쏠림 현상이 심하기 때문이다. 아마 이지경까지 온 이유는 진보라는 명분하에 지나친 기계문명이 발전하여 인간을 대상화 수단화해서 부의 증대를 목적으로 하기 때문이다.

아무튼 이때가 되면 인간의 사고와 행동에 혁명적인 변화가 올 것이다 우선 눈에 띄는 변화는 주거 공간의 활용이 넓어져 대부분 산악 지역으로 주거공간이 이동하고 개인 비행 시대가 일반화되면 지금의 광폭 도로를 걷어내 푸른 초원이 되고 강물이 원래대로 흐르는 천지개벽이 이루어질 것이다. 그리고 먼 훗날 순간 공간이동이 가능한 광속 비행 시대에는 인류 마지막 진화 시대로 지금 우리가 겪고 있는 인간 모순의 물질적인 문제들이 대부분 해결될 것이다. 예를 들면 생존 경쟁의 문제도 거의 해결될 것이다. 하지만 인간 자체의 진화가 이루어지지 않는다면 생로병사에 따른 많은 문제들이 여전히 숙제로 남을 것이다

또 다른 하나의 환경은 인간 사회로서 우리는 세상에 태어날 때 시간과 공간상 제약 속에서 어떤 사회상태에 존재

할지 아무도 모르고 세상에 던져진 존재다. 인간은 어느 때는 단체주의가 강한 시대에 어느 때는 개인주의가 강한 시대에 사회생활을 진보와 퇴보를 반복하면서 살아가는데 민주주의 자유주의 자본주의 속에 살아간다. 개인주의는 굴곡은 있겠지만 계속 강한 추세로 발전할 것이다.

그러면서도 걱정되는 것은 인간 사회는 반드시 선형적 경로를 밟지 않고 많은 변곡점을 가지고 변화한다는 것이다.

끝으로 신이라는 환경을 살펴보면 옛날에는 절대자로서 인간을 지배하고 통솔하는 존재로서 군림했지만 과학이 발전함에 따라 신의 존재는 희미해지고 저 우주 지평선 너머로 사라져버렸다. 그러나 아이러니하게도 양자학의 발전으로 인과론이 무너지면서 신의 존재가 다시 한번 부활하고 있는 것 같다. 어쨌든 앞으로는 인간이 좋은 삶을 살아가는데 신은 절대 필요하지만 지금은 인간이 좋은 삶을 알고 살아가는데 조력자 내지 안내자의 역할을 하며 미래에는 인간과 동반자의 관계를 유지 발전시켜 나갈 것이다.

우리는 우리를 둘러싼 환경에 던져진 존재이기 때문에 생존을 위해 무에서 인생의 좌표를 정하는 것은 운명적인 측면도 있기 때문에 주체적으로 결정해야 하며 행운도 따라야 한다. 하지만 기본적으로 자기 자신이 결단해 나가야 할 길이며, 한번 좌표를 정하면 꾸준히 일관성 있게 실천해 나가야 한다. 바람직하고 좋은 좌표를 정하는 기준은 우리를 둘러싼 여러 환경 즉, 인간, 자연 그리고 신을 잘 이해하고 그로부터 자유를 증진시키는 어떤 원칙을 도출하고 이를 삶에 원칙으로 삼는 것이다.

나는 이 책을 쓰면서 나 자신이 칠흑 같은 밤에 희미한 등불 하나를 들고 외롭게 광야를 걸어가는 촌부와 같다는 생각을 한다. 나는 광야를 두리번거리며 다른 등불을 만나기를 간절히 바라면서도 결코 외롭다고 말하고 싶지 않다. 다만, 따뜻한 한마디 "나마스테(namaste)"라고 말하고 싶다. 그리고 인생의 좌표를 말하고 싶다. 왜냐하면 우리는 자유를 그리고 진리를 찾아서 자아실현하려는 개별적이면서도 공동체적인 특별한 존재이기 때문이다.

이 책을 읽고 많은 사람이 다 같이 공감할 필요는 없다. 인생에 있어서 많은 부분이 결국 주관적인 판단에 의해 인생관이 진행되는 것이 허다하기 때문이다. 그렇다고 객관성이 다 좋다는 뜻은 아니다.

각 장에서 이야기하는 내용은 주제가 무겁고 각 장마다 수십 권의 책을 쓸 수도 있는 주제이며 고도의 전문성을 요구하는 주제들 일 수 있다. 그럼에도 불구하고 감히 이렇게 쓸 수 있는 이유는 실존하는 사람은 부분이 아닌 총체적 삶을 살아야 하고 주체적인 삶을 살아야 하기 때문에 자신 주변의 모든 환경에 최선을 다하여 관찰과 연구를 하면서 좀 부족하더라도 통합적이고 전체적인 균형이 잡힌 물리(物理)가 트여야 하기 때문이다. 전체적인 물리가 트이면 각 분야의 올바른 판단이 서고 주체적인 삶을 살아갈 수 있다. 여기서 주체적인 삶이란 주어진 좋은 좌표에 따라 주어진 시간과 공간을 자신의 생각과 행동에 따라서 전적으로 통제하고 활용하는 것을 말한다. 하지만 우리가 가슴에 별처럼 빛나는 좋은 좌표 없이 살아간다면 긴 인생의 여정이 자칫 지치고 지루하고 비틀거리며 체념으로 이어져 반드시 언젠가는 실망하고 실족하지 않을까 걱정된다. 아무쪼록 칠흑 같은 밤에 많은 등불들이 달빛처럼 고즈넉이 비추어져 다 같이 오순도순 삶의 색깔과 향기를 가진 메밀꽃이 피는 길이 되었으면 한다.

특히 그림을 아마추어 수준에서 몇 점을 실어 보았다 그림도 역시 한없이 부족하고 부끄럽지만 이 또한 한 인간의 주체성을 확보하기 위한 처절한 몸부림이라고 이해해 주시고 공감해 주면 인생의 긴 여정에 작은 미소라도 짓지 않을까 감히 생각해 본다.

이 책은 나름대로 평생을 통해 자료를 모아 정리한 후 2008년 처음 "우리 시대의 이야기"란 작은 책자로 정리하고,

20013년 이야기를 좀 더 다듬고 그림을 추가했으며, 2018년 이야기와 그림을 다듬었고, 2025년에 "나의 철학과 그림"으로 마지막 탈고를 했다.

| 차례 |

Part
I
나의 철학 이야기

— ❶ —

우주 이야기

옛날 내가 어렸을 때 우리 집은 인왕산 자락 밑의 허름한 집이었다. 가난 했지만 지금 생각하면 하루하루가 활기차고 희망이 차 있었던 시절이었다. 방 세 칸에 마당과 마루가 그리고 다락방과 옥상도 있었다. 지대가 높아서 전망도 좋고 바람이 매우 시원하고 공기도 맑았다. 대식구가 모여 저녁 식사를 대충 때우고 여름밤 마루에 누워 처마 끝을 통해서 하늘을 쳐다보면 아름다운 별들이 나의 마음을 즐겁게 해줬다. 30촉짜리 전구 밑에서 살았기 때문일까 나는 여름 하늘의 별들을 유난히도 좋아했다. 아마 반짝반짝 눈부시게 빛났기 때문이었을 것이다. 그리고 혼자서 밤하늘을 보며 상상하는 것이 좋았다. 어느 여름날 하늘을 보다가 그중에 유난히 눈에 띄는 별을 보게 되었고, 그 별이 나의 별이라고 하고 싶었지만 너무 통속적이고 과분하다고 생각해선지 그 별 주변에 좀 덜 빛나는 별을 나의 별이라 정하고 잃지 말자고 처마 끝에 별의 위치를 표시했다. 지금 생각하면 각주구검과 같은 것이었다. 지금은 정겹던 나의 집은 사라지고 온

통 아파트 더미로 변했다. 어쨌든 나는 그 후 나의 별을 생각하면서 하늘은 어떻게 생겼을까 곰곰이 생각해 보는 습관이 지금도 계속되고 있다. 생각하면 할수록 혼란스럽고 가슴이 두근거리며 신비하다는 생각과 괜해 쓸데없는 생각을 한다는 두려운 맘에 어지러웠다. 도대체 별 위에 위에는 무엇이 있을까? 우주란 얼마나 넓고 그 끝은 어디서 어떻게 무엇으로 구성되어 있을까? 우주의 시작과 끝이 있을까?

그 후 지금까지 이러한 의문들은 풀리지 않았지만 나는 늘 우주의 현상과 모양에 대하여 많은 생각과 이론에 접하게 되면서 지금은 한 결론에 이르게 되었다.

우주의 탄생과 모양에 대한 우주론은 정말로 다양하고 신비롭기까지 하다. 고대문명의 신화나 종교적 우주론을 보면 이집트, 그리스, 인도의 경우 자신의 민족에 해당하는 고유의 우주론을 가지고 있었다. 이들 신화나 종교적 우주론의 특징은 나름대로 그 시대의 타당성을 가지면서 초인적인 신이 우주를 만들었고 사람을 창조했다는 것이 요지이다.

그것은 목적을 가지고 만들어 졌다는 것이다, 즉 우주가 의미가 있다는 얘기다.

이런 사상의 밑바닥에는 인간은 우주의 일부분이고 우주의 생성원리와 그 현상의 원리를 알면 인간 삶의 목적도 알 수 있다는 믿음이 깔려있는 것 같다. 즉 온 우주가 생명을 가지고 인간과 조화로운 공동 운명체로 동행해온 것이다. 이것이 목적론적 우주일 것이다.

근대 이전의 우주론은 아리스토텔레스를 중심으로 한 목적론에 입각한 철학적 우주론으로 우주의 탄생보다는 지구를 중심으로 천체가 움직이고 있으며, 우주는 둥근 모형이고 그 중심에 공 모양의 지구가 고정되어 있다는 우주의 형태를 보여주는 이론이다. 아마 우주를 대상화하려고 시작한 시기인 것이다. 이때부터 우주는 서서히 생기를 잃고 죽어가는 것이 아니었을까.

근대 이후 오늘날까지는 과학적 우주론 즉 기계적 우주론 인간적 우주론이라고 해서 우리 귀에도 익숙한 천동설, 지동설, 특히 뉴턴과 아인슈타인을 거쳐 우주는 기계에 불과하며 예측할 수 있는 기능에 중점을 둔 객관적 대상이었다. 양자학 출현 이후 빅뱅이론, 초끈이론, 다중 우주론 등 참으로 다양한 이론이 펼쳐지고 있다. 이러한 이론들은 우주를 더 이상 신에게 맡기지 않고 인간의 정서와는 전혀 상관이 없는 인간의 지성에 의해 파악할 수 있다는 인과론에 입각한 기계론적 우주론과 양자역학에 의한 객관적 우주론이라고 할 수 있다. 양자학은 소립자인 전자나 광자는 뉴턴이 말하는 큰 물체와는 달리 그 존재가 시공상 분명하지 못하고 파동함수로 나타내며 파동 혹은 입자로서 확률적으로만 존재한다고 한다. 어쨌든 소립자의 간섭운동 실험 결과를 해석하는데 아인슈타인은 소립자를 관찰하는 관찰자에 의해서 존재하기도 하고 존재하지도 않는 것은 도깨비 같은 현상이라 하고, 신은 주사위를 던지지 않는다고 하며, 또 다른 학자는 존재하는 것은 맞는데 다만 우리가 인식 못하는 세계가 있다는 것이다. 다중우주론은 후자의 견해에 의해 발전한 이론이며 이 이론에 의하면 우주는 너무나 다양하여 예를 들면 지금 현재 나와 똑같은 생각과 행동을 하고 있는 또 다른 우주가 어디엔가 존재하고 있다고 주장 한다. 그러면서 양자이론은 숨길 수 없는 틀림없는 이론이라고 한다.

그런데 양자학에서 좀 다른 점은 인간의 의식이 물질에 영향을 미친다고 하면서 소위 말하는 정신세계를 인정하는 듯하다. 양자학의 결말이 어떻게 전개될지 궁금할 뿐인데 어쨌든 소립자를 아무리 잘게 부수어 연구한다 해도 궁극의 결론은 없을 것이다. 도대체 얼마큼 잘게 부수어야 될까?

고대 우주론과 현대 과학적 우주론을 비교해 보면, 고대 우주론은 단순하고 어느 면에서는 유치하나 웅장하고 무한한 상상력과 신비감을 주면서도 삶의 좌표를 정해 준다. 우주는 인간의 삶 자체다. 반면, 현대의 과학적 우주론은 복잡하고 상당한 수학적 전문지식을 요하고 무미건조한 것이 특징이며 인생의 좌표와는 무관하며 단순히 객관성을 가진 앎이며 극복의 대상이다. 그런데 우주를 객관적으로 알면 알수록 추상화 · 수식화 · 복잡화되어서 우리로부터 더 멀어 진다는 것이다. 그리고 이 둘은 공히 권위적이라는 것이다. 이 둘은 우주의 형태와 생성 원인에 대해 나름대로 가정하고 설명하고 있다. 그렇지만 현대의 과학적 우주론이 우주의 탄생과 형태에 관해 완벽하게 설명하고 있는 것은 아니다. 왜냐하면 경험의 다양성은 연구대상의 전체성과 완결성을 결코 보여주지 않는다. 또한 사고의 다양성을 경험적 증명을 어렵게 한다.

빅뱅이론만 보아도 명칭 자체도 우습지만 차라리 알에서 우주가 탄생했다는 말과 다를 바 없다. 또한 빅뱅 이전의 우주가 어떠했는지 왜 빅뱅이 일어났는지 설명할 수 없다. 빅뱅이론에 근거해서 과학적 근거로 제시하는 블랙홀, 수축, 팽창론, 버블이론, 다중우주론, 반물질이론들도 객관적으로 증명하는 것이 가능할까? 인과관계를 적용해서 증명하는 것이 가능할까? 절대 불가능 하다. 물론 부분적인 증명은 과학의 발전 정도에 따라 어느 정도 가능할 수도 있지만 이것도 잠정적인 결론이며 반증이 있을 때까지만 진리로 주장될 것이다. 그러나 본질은 알 수 없고 생기도 없는 물질적 우주를 파악해서 무슨 의미가 있을까. 다만 인식의 범위를 넓힌다는 의미는 있다.

오늘날 절대적 믿음과 신뢰를 가지면서 관측하고 실험하여 증명하는 과학은 자연이나 사회의 존재에 대하여 밝히는 학문으로써 존재를 전제로 하고 우리의 이성을 포함한 감각으로 진리를 파악할 수 있다는 전제로 하여 가치판단을 배제 한다. 그리고 언어를 수단으로 표현한다. 그런데 우리의 감각은 신의감각이 아닌 인간의 감각에 불과한 매우 불완전하며 지극히 인간의 주관성이 내포되어있다. 언어는 인간의 인식대상을 표현하고 소통하기 위한 수단으로 존재를 표현하는 언어와 비존재를 표현하는 언어로 나눌 수 있다. 과학이나 철학에서 사용하는 언어 중에 영, 무한대, 허수, 태극, 음양, 무 등은 경험적 사실을 표현한다고 전제하지만 사실은 비존재를 표현하는 언어다. 수학은 발견적 측면과 발명적 측면을 다가지고 있는 것 같다. 어째든 이러한 언어들은 존재증명에 사용해서 존재를 나타낼 수 없다. 즉 이러한 언어로 표현 하는 것은 체계적 완결성을 추구하기 때문이지만 결코 완벽한 결론에는 도달하지 못한다. 이것은 인간 이성의 한계 때문이다. 또한 우주의 현상은 너무나 다양하고 복잡하고 특히 시시각각 변화하기 때문에 도저히 현상을 언어로 표현할 수가 없다. 겨우 우리가 할 수 있는 것은 우주의 현상을 일부분 한순간에 고정시키고 정태적으로 이러한 현상은 이런 것 이라고 설명하고 정의 하는데 이를 조작적 정의라 하여 논리적으로 모순이 없다 해도 실제 상황의 시간과 공간을 도입하여 확대하거나 축소하고 변화의 경우의 수를 고려한다면 역시 언어의 한계를 느끼고 인간의 한계를 느끼게 된다. 이러한 언어들은 인간의 인식을 돕기 위해서 편의상 만들어 낸 용어 일뿐이다. 과학의 역사가 이를 증명한다. 예를 들면 뉴턴의 역학이 아인슈타인의 상대성이론에 의해 부정되고 상대성이론은 양자학에 의해 부정된다. 양자학 역시 언젠가는 부정될 것이다. 왜냐하면 경험적 사실은 항상 단편적이고 부분적이기 때문이다.

과학은 이렇게 불완전한 감각과 불확실한 언어로 어떻게 인식을 넘어선 존재를 증명할 수 있을까? 이러한 의미에서 현대과학이 우주를 설명하고 파악한다는 것은 현대판 유감주술이라고 할 수 있지 않을까? 어떤 것을 비슷하게 따라하고 흉내 내면 그것이 이루어 질것이라고 믿는 것이다. 그것이 가능하다 해도 그것은 잠정적인 결론에 불과할 것이며 세월이 흐르면 새로운 가설과 이론이 생겨서 기존이론을 수정, 보완 대체할 것이다. 이렇게 허점투성이고 가치를 배제한 일부만 연구대상으로 삼는 과학이 우리 시대에 가공할 위력을 발휘하는 것을 나는 이해하기 힘들다. 수학이나 과학 외는 객관화시키는 방법이 없다하지만 너무나 과학의 완전성을 주장한다. 우리 인류는 지금까지 모르는 것은 모른다고 솔직히 고백하는 공감대를 형성한 적이 없다. 그래서 인류는 이류가 될 수도 있는데. 어쨌든 다양한 우주관을 시대적으로 구분할 수도 있지만 크게 생성, 형태, 기능 즉 특성 혹은 법칙 등 세 가지로 정리할 수 있다. 생성원리를 보면 하나는 신이 만들었다는 창조론과 다른 하나는 자연적으로 발생했다는 진화론이다.

오늘날 첨예하게 대립하는 창조설과 진화론은 설명하는 도구가 다를 뿐이지 고대부터 지금까지 수천 년을 논쟁해 왔고 앞으로도 수천 년 이상 논쟁을 할 것이다. 인간의 인식 능력에 한계가 있는 한 아마 영원히 인류는 끝없이 논쟁을 할 것이다.

예를 들면 최초의 우주를 창조한 물질을 알면 현재의 우주를 알 수 있고 진화론이 맞을 수 있다. 그러나 최초의 창조도 신의 의지며 진화론도 예정해 놓았다면 이러한 논쟁은 의미가 없다. 그런데 진화론을 발전시켜서 물질을 부각 시키고 영혼이나 정신을 부정하면 이는 심각하고 끝없는 논쟁으로 빠진다. 또한 물질을 부정한 정신의 존재만을 주장하면 한없는 공허한 혼란으로 갈 것이다. 수천 년 동안의 소모적인 논쟁들은 옳고 그름을 떠나서 나름대로 우주관의 정립은 그 의미가 크다는 것을 반증하는 것이 아닐까? 우주관의 정립은 매우 중요하다. 우주관의 선택은 인생관을 정립하는 기초가 되고 자신의 삶을 평생 동안 지배하는 커다란 원칙이 된다.

우주에 의미를 부여하는 것은 자신의 인생에 의미를 부여하는 것과 같다. 우주관을 잘 정립할 때 인생의 모순이 없고 종교와 과학의 모순이 없고 우주와 일치함을 느낄 수 있다.

고대로부터 수많은 민족의 고유한 우주관이 있고 지금까지도 치열하게 논쟁을 하는 것을 보면 그 속에 생의 의미와 질서를 부여하려는 치열한 투쟁을 엿볼 수 있다.

옛날에는 각 민족들이 고유한 우주관을 가지고 있었지만 오늘날 개인주의가 발달한 시점에서는 각 개인들이 좋은 우주관을 가지고 하늘의 보석을 하나 가슴에 달고 다니듯 우주관을 확립했으면 좋겠다. 또한 우주관을 정립하는 데 있어서 과학적이면 더욱 좋고 적어도 오랜 궁리와 생각으로 논리적이면서도 합리적인 의미 있는 우주관이 되어야 하며 이런 우주관은 인생을 풍요롭게 할 것이다. 첫 단추를 잘 꿰어야 다음이 좋다.

나는 우주를 어떻게 설명할까? 나의 우주관은 무엇일까? 변화를 전제하여 나는 우주를 바라보는 시각은 세 가지 가정을 전제로 한다 첫째는 변화의 제일 원인은 온도다. 둘째,

가정은 우주는 무한적 순환이다. 셋째, 우주는 다양하며 시작과 끝도 모른다.

이러한 가정 하에 "무엇"보다 "왜"라는 것에 의미를 두면서 우주의 생성원리 형태 기능 즉 특징을 설명해 볼까 한다.

먼저 우주에서 처음부터 존재하던 것은 무엇일까? 빅뱅 이전에 무엇이 존재하고 빅뱅을 일으킨 것은 무엇이었을까? 그것은 온도라고 생각한다. 그 온도는 물질이 존재하든 아니하든 당연히 자연스럽게 존재한다. 즉, 변화 이전에 태초에 온도가 있었다. 이것은 그 누구도 부정 못할 것이다. 모든 우주에 어디든지 존재하는 것이 온도이며, 모든 것은 온도의 영향을 받으며 온도는 시간과 공간을 초월하여 존재하는 무소불위한 것이고, 존재하는 모든 것은 다양한 온도를 갖추기를 추구한다. 이러한 온도의 속성은 어디에도 존재하며 변화의 원인 역할을 하는 것이다. 시간의 본질에 관해서 지금까지 밝혀진 것 없이 논쟁만 지속해 왔다. 시간의 본질에 관한 논쟁은 먼저 시간이 경험적이냐 혹은 관념적이냐로 시작한다. 경험적 주장은 다시 시간은 실체적이고 사물간의 관계며 신의 촉수로 나누어지고 관념적 주장은 시간을 실체가 없는 인간의 사고 물에 불과하다고 본다. 시간의 성질에 대해서는 시간은 영원하고 절대적이며, 지금의 연속이라고도 하고 상대적이라고도 한다. 나는 시간의 본질은 운동 즉,

사물의 생성 소멸의 과정이라고 본다. 따라서 시간은 영원할 수가 없다. 사물의 생성 소멸이 끝나면 시간도 끝나는 것이다. 시간이 영원하다는 것은 사물의 생성소멸이 다양하기 때문이다. 시간은 한 방향으로 가기도 하고 빠르기도 하고 느리기도 하며 심지어 역행도 가능하다. 생성 소멸 과정이 그러하기 때문이다.

온도의 변화는 운동을 만들고 운동은 시간과 공간을 만든다. 그리고 이것들은 상호 작용하면서 진행한다. 여기서 우리는 무한순환론의 설명 고리를 끊고 최초의 존재로부터 우주를 설명할 수 있다. 여기서 창조론을 부정한다고 해서 신의 존재 자체를 부정하는 것은 아니다. 왜냐하면 신의 역할은 시간과 공간에서 그 깊이와 경계를 헤아릴 수 없기 때문이다. 즉, 신이 온도를 창조했다고 주장해도 이를 부정할 방법이 없다. 온도를 우주의 기본 원인자로 보았을 때 가장 근접하게 창조론과 진화론에 다가갈 수 있다. 즉, 창조론과 진화론의 논쟁은 무의미한 것으로 할 필요가 없는 것이다. 왜냐하면 진화론은 온도에 의해 우주가 생성되었다고 해도 신의 부 존재에 대하여 증명할 수 없고 신이 존재는 다른 차원의 문제이기 때문이다. 즉 진화론은 과학의 영역이고 창조론은 종교와 도덕의 문제인데 이들은 어느 하나로 전체를 설명할 수 없다.

온도를 중심으로 한 변화는 공간을 창조하면서 우주를 형성해 왔다고 추측할 수 있다. 그 후 우리가 목격하고 있는 지금의 우주를 보고 있는 것이다. 온도의 작용 이후 우주의 탄생과 형태는 신화나 과학이 이야기하고 있는 것처럼 우리가 생각할 수 있는 우주들이다. 따라서 우리는 진지함과 겸허한 태도로 우주가 어떻게 존재해 왔는지에 대해서는 상상에 맡길 수밖에 없다. 그것이 우연이든 필연이든... 그러면 나의 상상은 무엇인가? 이러한 우주 공간에 온도가 존재하며 온도에 의해 운동이 발생하고 운동이 발생함으로써 필연적으로 시간과 공간이 발생함이 무한히 전개된다면 우주에 어떤 현상이 생길까?

우주의 과거가 무한하다고 생각하고 미래도 무한하다고 생각하면서 수없이 운동을 반복해 왔다면, 인간의 오감을 통하여 느끼는 것보다 훨씬 많은 물질들이 존재 하며 상상을 초월하는 이 다양성의 원리에 의하여 현재 우리가 목격하고 있는 생동감 넘치는 우주 말고 에너지의 고갈로 운동과 변화가 멈추고 일시적이지만 온도의 변화도 없는 모든 운동이 멈추어진 무한한 차가운 얼음 공간이 존재하고 이 공간을 넘어 또 차가운 온도의 변화로 새로운 변화와 운동이 시작해서 전개되고 있는, 또 하나의 무한한 공간이 있다고 생각할 수 있다.

우주의 공간적 시간적 넓이를 생각해 볼 수 있다. 우주는 넓게 펼쳐져 있고 확장도 하다가 수축도 할 수 있고 방향도 시간에 따라서 일정한 방향으로 가다가 변화도 한다. 왜냐하면 우주는 한없이 생성과 소멸 반복하기 때문이다. 일종의 거대한 생명체라 할 수 있다. 우주는 생명 그 자체이며 생명으로 가득 차 있다. 왜 생물과 무생물로 구분하는가 정도의 차이가 아닌가. 크기도 변할 수 있다. 지금의 우주가 멸망하고 지구가 없어지고 인류가 멸망한다 해도 나는 두렵거나 실망하지 않는다. 그렇게 멸망할 즈음에 그곳에는 모든 것이 다 존재하며 새롭게 시작하기 때문이다. 그곳에는 희락과 열락만이 있고 고통과 불행은 없다고 상상 할 수 있다. 자유와 정의만이 있고 불의와 억압은 없다. 하나님이나 부처님의 생명의 말씀으로 우리를 기르시는 곳이라고 염원하며 생각한다.

지금 우리는 인간이기 때문에 인간의 사고와 행동에 의해 얼마나 제약받고 살고 있는가? 즉, 인간이기 때문에 심판을 못하고 자유와 정의를 주장하지 못하는가? 오히려 인간의 판단에 따라 모든 사물을 제약하고 재단하려 하지 않는가? 그래서 우리선조들은 득도하기를 얼마나 갈망했는가 하지만 과학 기술과 진정한 DNA의 진화 없이는 인간의 정신적 육체적 수양으로서는 도저히 인간의 모순을 극복할 수가 없다. 그러나 나의 존재가 현실의 존재뿐만 아니라 내가 말한 고향 그곳에서 내가 현세보다 더 완벽한 형태로 진화되어 잉태되어 있다면, 인간에 대한 어떤 불만이라도 이해하고 사람의 불완전성을 이해하며 오히려 나로 하여금 이 세상에 살아갈 때 물욕과 안전에 대한 불안으로부터 자유롭게 하며 우주의 법칙에 순응하며 살아 갈 것이다.

나는 그곳에서 사물에 대한 편견이 없는 보다 나은 부활을 꿈꾸며 비록 나의 동일성을 확보하지 못하는 부활이라 해도 지고의 자유와 행복을 꿈꾼다. 그리고 지금 나는 그곳에 있는 것처럼 환희에 젖어 있다.

나는 나의 우주관으로 모든 사물이 모든 사람이 아직 부족한 상태라는 것을 즉, 더 진화가 필요하다는 것을 이해하고 지금의 인간행동의 불합리한 것도 이해하고 넘어갈 수 있다.

우주의 생성원리를 설명하다가 다소 장황하게 감성적인 표현과 가치판단을 언급했다.

다음은 우주의 형태를 설명해 볼까 한다. 우주의 끝은 무엇일가?

우주의 끝 다음에는 무엇이 있을까? 지구, 태양계, 은하계를 벗어나면 또 다른 공간이 전개 된다. 그러면 이처럼 확장되면서 우주를 담을 수 있는 각각의 우주 그릇(the container of universe)이 존재할까? 최종의 우주그릇은 무엇일까? 우주는 안정적일까? 이러한 의문점을 해소해 줄 수 있는 우주의 형태는 우주가 시간과 공간에 있어서 무한대로 전개되어 있고 운동한다는 가설이다. 우주는 마치 뫼비우스의 띠처럼 무한한 시간과 공간속에서 전개되며 그 자체가 우주이다 따라서 우주는 무한하기 때문에 영원하며 영원하기 때문에 가장 안정적이며 우주의 그릇이 필요하지 않는다. 우주의 그릇은 무한성이라고 가정하는 것이 가장 합리적이다.

우주 생성의 기원을 따지는 것은 마치 닭이 먼저냐 달걀이 먼저냐 하는 것처럼 무의미하다. 다만, 닭이든 달걀이든 온도의 변화에 따라서 자연스럽게 그렇게 되었을 것이다. 이것도 또한 우주를 인과론으로 혹은 목적론으로 인식하느냐 일뿐이다.

다음은 우주의 기능, 즉 특성을 언급해 볼까 한다. 우주의 특성은 앞서 우주의 생성과 형태에서 언급한 것을 정리하면 시간과 공간을 전제하에 첫째 무한성, 둘째 변화성, 셋째 다양성으로 정리되며 그 외에 물질성을 특성으로 언급할 수 있다. 물질성에서 물질이라 하면 전 우주를 빈틈없이 꽉 채우고 있는 무한소의 입자에서 무한대의 입자들로 시간과 공간을 점유하고 있는 것들을 의미한다. 따라서 시공을 초월하여 시공을 점유하지 않는 정신이나 영혼은 존재하지 않는다. 물질을 기반으로 한 정신과 영혼이 존재하느냐는 별개의 문제다. 우주에 변화 운동하는 모든 존재들은 물질로 구성되어 있으며 물질의 작용이다. 다만, 물질에 기반한 정신이 물질에 영향을 줄 수도 있을 것 같다. 왜냐하면 모든 존재는 적든 많든 상호작용을 할 수 있기 때문이다. 그럼에도 불구하고 물질과 정신의 구별과 그 존재 여부, 그리고 관계에 대하여 첨예하게 대립한다. 이는 영혼을 기반으로 성립하는 종교가 있고, 우리 삶에 엄청난 영향을 주기 때문이다. 존재적 측면에서 살펴보면 정신이 물질과 독립해서 존재한다는 주장과 정신은 존재하지 않는다는 주장이 있으며, 이때 정신은 영혼, 자유의지, 혼, 마음, 의식 등 혼용해서 사용되기 때문에 개념 정리가 쉽지 않다.

그리고 물질과의 관계에서도 물질 우위설과 정신 우위설, 상호작용설이 있다. 나의 솔직한 견해는 물질의 존재 측면에서 보면 정신이 존재할 여지가 없고, 다만 물질의 특별한 배열로 인한 정신작용이 있을 수 있다고 생각한다. 더 나아가 정신이 물질을 지배한다는 주장에 있어서는 동의하기 어렵지만, 그럼에도 불구하고 그렇게 하는 것이 우주를 이해하고 우주에 생기를 불어넣고 삶을 구원한다면 정신을 상정해도 좋다고 생각한다. 왜냐하면 결국 정신의 개념이나 존재 여부를 증명하는 것은 인간의 한계를 의미하기 때문이다.

우주의 특성들은 우주의 법칙이 되며 우주의 법칙이 삶의 법칙이 되는 것은 우주의 일부인 인간에게 너무나 당연한 결과이다.

이에 대한 자세한 설명은 인생 이야기에서 언급하겠다. 우주 이야기에서 결론은 나의 우주관으로부터 어린 시절에 가졌던 호기심과 의구심을 해결하고 나만의 인생 목표를 갈등 없이 설정하고 그 목표를 향해 부단히 노력하고 행동해 가고 있다는 것이다.

— ❷ —

삶의 이야기

이 창백하고 푸른 별(pale blue star)에서 삶이란 무엇일까? 삶은 어떻게 살아야 되나?

삶의 궁극적 목적은 무엇일까? 누구나 한 번씩은 자신에게 물어보았을 것이다.

이런 물음에 어떻게 대답할 것인가. 우선 다른 사람들의 이야기를 들어보자. 종교가들은 신을 위해서 삶의 목적을 두고 살으라고 한다.

철학자들은 행복과 쾌락을 위해서 도덕적 삶을 살으라고 한다. 또한 삶에는 정답이 없다고 한다. 이들 모두는 틀린 말은 아니다. 상황에 따라 맞기도 하고 틀리기도 한다면, 그러나 보편성 필연성 즉, 객관성이 결여되어 있어 언제나 맞는 말은 아니다.

그러면 정말 객관적 타당성이 있는 삶은 없다는 것일까. 이를 살펴보기 위해서 먼저 삶의 조건을 살펴보자.

먼저 인간의 구조를 살펴보면, 크게 나누어 머리, 몸통, 팔, 다리로 구성되어 있고, 머리는 감각을 통해 들어온 정보를 분석 종합하여 사고하며, 상상력과 판단력을 발휘한다. 몸통은 외부에서 들어오는 영양분을 흡수하여 에너지를 만들어 몸 각 기관에 공급하여 준다. 한편 팔다리는 에너지를 바탕으로 하여 공간과 시간 속에서 운동을 한다. 인간의 세 가지 구성 부분은 각각의 독립성을 존중하면서도 서로 협력 조화를 이룰 때 최상의 상태라 할 수 있다. 또한 주변 환경을 살펴보면 크게 3가지고 나눌 수 있다.

그것은 신. 자연. 인간이다. 또한 이는 신본주의, 자연주의 그리고 인본주의로 말할 수 있다.

먼저 신본주의 환경을 살펴보면,

신은 전지, 전능 그리고 전선한 존재로 본다. 인간은 원시시대부터 자연에 대한 두려움과 경외감을 가졌을 것이다. 그리고 자연의 힘에 대해 인간으로서는 도저히 감당할 수 없기 때문에 자연의 힘보다 더 나은 신의 존재의 도움을 간절히 바랬을 것이다.

신의 존재에 대해서는 창조설과 진화론에 따라서 논란이 이어져 왔다. 창조론은 유신론으로 신의 존재가 모든 만물을 창조했다는 것이 골자고, 진화론은 신의 존재를 부정하며 모든 만물 즉, 자연은 저절로 세월을 두고 진화해왔다는 것이다.

그런데 사실 이 두 가지 논쟁은 전지전능한 이 진화론마저 창조했다면 무의미한 논쟁이 된다. 나는 신의 존재는 인간의 발견 혹은 발명이라고 생각한다. 신의 존재 여부를 증명할 수는 없지만 우리 인간의 간절한 바람이 신을 발견 발명하게 한 것이다.

신의 존재 여부와 상관없이 신을 정의하고 믿는다면 인간의 많은 문제가 해결될 것이다. 마치 수학에서 허수를 발명하고 그 발명이 수학의 많은 문제를 해결한 경우와 같다고 본다.

신을 우리가 상정해서 많은 문제가 아니라 거의 모든 문제를 해결할 수 있다면 신의 존재 여부가 무슨 문제가 되겠는가?

자연은 신만큼이나 파악하고 이해하기 어려운 개념이다. 좁게 이야기하면 우리가 시간과 공간속에서 온갖 혜택을 받으며 삶을 영위하는 곳이지만 넓게 생각하면 자연은 곧 우주며, 우주는 무한대부터 무한소까지 뻗어 있다는 가늠하기 힘들 정도의 넓은 것이라 할 수 있다.

자연은 두 가지 관점에서 말할 수 있다.

첫째는 자연은 신이 만들고 자연에 어떤 목적을 두었다는 것으로 그 목적은 선을 완성한다는 것이다.

인간도 자연의 일부로서 신의 목적에 따라서 살아간다는

것이다.

둘째는 중세를 지나 계몽시대에 즈음하여 많은 수학자와 과학자에 의해서 과학과 기술이 발전함에 따라 자연을 목적론으로 보지 않고 인과관계에 의한 기계론으로 파악하고 설명할 수 있다는 것이며, 이 자연주의는 신의존재를 부정하고 삶의 의미는 없으며 죽으면 그것으로 끝나는 것이라고 본다.

자연에 대한 나의 견해는 목적론적 견해이다. 자연은 신에 의해서 창조되었는지 어떻지 알 수 없지만 삶의 의미를 부여하기 위해서는 자연은 어떤 궁극적인 목적을 가지고 전개되고 있다는 것이라고 생각해야 한다.

과학이 아무리 발전한다 해도 신의 존재여부를 증명할 수 없고, 삶의 목적을 부정할 수도 없다.

오직 인간만이 삶의 의미를 부여할 수 있다.

인간이란 무엇일까?

인간은 참으로 기이하고 오묘한 존재이다. 언뜻 보기에는 다른 동물과 같이 생존을 위한 기능을 하고 있지만 생존하는 방법이 사회, 문화, 역사를 만들어가면서 다른 동물이 따라 올수 없는 영역에서 삶을 유지한다.

인간의 가장 큰 특징은 인간은 두뇌활동에서 지성을 가지고 추상력과 상상력으로 미래를 예측하고 시간과 공간을 극복할 수 있는 능력을 갖추고 있다는 것이다. 또한 인간은 도덕심에 따라 자율과 책임을 가지고 끝없이 자유를 추구하는 능력을 가지고 있다.

인간은 단순히 생존을 위해서만 살아가는 것이 아니라 양심, 즉 도덕성을 가지고 살아간다는 것은 단순한 동물이 아니다, 참으로 경이스런 존재라는 것을 의미하며 존엄스런 존재이다.

그러면서도 인간은 유한한 존재로 현실적 삶에서는 선과 악속에 인간에 대한 기대에 절망감을 느끼기도 한다. 앞에서 언급한 신, 자연, 인간 등의 인한 환경들은 인간과 어떤 관계 속에 전개되고 그 결과는 어떤 것인지를 살펴보자.

먼저 신과의 관계된 인간의 삶을 살펴보면 아주 오래된 옛날부터 인간은 신과 관계를 맺어 왔다.

위대하고 거대한 자연 앞에서 느껴온 공포, 두려움과 경외감 또한 자연이 베푸는 혜택은 상대적으로 보잘 것 없는 인간의 능력과 비교할 때 너무나 당연히 일방적으로 신을 찾고 갈망했을 것이다.

오늘날 우리 인간은 아주 강력한 문화와 사회제도 기술과학을 자랑하고 있다. 따라서 현대에는 신과의 관계가 변화를 이루고 있다.

소위 기독교, 불교, 이슬람교 등 현대 종교와 관계를 보면 신에 대한 절대적 복종이 아니라 아주 느슨한 관계를 맺으면서도 현세 구복과 내세의 구원에 열중하고 있다.

현대인 중에 의외로 자연이나 인간관계에 비해 상대적으로 종교에 심취해서 살아가는 사람들이 의외로 많다. 이들은 현실세계의 불합리, 부조리함을 크게 느끼면서 이들은 신앙생활에 중점을 두면서 세속적 삶을 경시, 왜곡하면서 그들만의 만족과 희열을 느끼면서 살아간다.

따라서 자연 속에서 얻어지는 삶과 인간관계에서 얻어지는 삶은 소홀히 할 수밖에 없으며, 이로 인한 많은 부작용도 발생할 수 있다.

자연에 중점을 두고 살아가는 사람들을 살펴보면,

인간은 지구상에 존재하면서 자연이 주는 혹독한 시련을 겪으면서도 자연이 주는 따뜻한 햇볕, 신선한 공기, 바람 물 등 자애로운 혜택을 받으면서 살아왔다. 따라서 어떤 때는 자연을 숭배하면서 어떤 때는 자연을 이용하고 극복하면서 살아왔다.

고도로 문명화된 현대에서는 자연은 단순한 이용과 휴식의 대상으로 전락하고 깊은 대화의 상대가 아니다. 그런 와중에서도 현대 문명에 의해 사회생활에 지치고 속박과 고통을 받은 사람들은 자연에서 위로와 구원을 받고 싶어 한다. 에덴동산을 꿈꾸며 "자연으로 돌아가라"는 명령을 실천하기에는 현대 문명이 자연으로부터 너무 멀리 왔다. 그럼에도 불구하고 자연은 우리에게 너무나 중요한 삶의 터전이기 때문에 자연과의 관계를 한시도 소홀히 할 수 없으며 사실 자연은 모든 삶의 근본이며 행복의 근원으로서 현대사회에서 지치고 경쟁에서 밀려난 사람들에게 그리고 모든 사람에게 고독과 위안을 함께 줄 수 있으며 특히, 자기성찰을 통해 선을 향한 인간 본연의 삶을 찾을 수 있는 기회를 줄 수 있다.

끝으로 인간관계에 중점을 두고 살아가는 사람들을 살펴보면, 인간사회의 특징은 인간이 필요로 하는 모든 자원의 생산과 배분이 이미 독점화 되어 있다는 것이다. 이를 기득권의 고착화라 할 수 있다. 이런 사회에서는 계급화, 차별화 경쟁화를 전제한다. 역사적으로 볼 때 모든 조직화된 사회에서 이러한 고착화된 제도가 형식만 다를 뿐 내용에 있어서는 같은 형태로 도도하게 이어져 왔다.

많은 훈련과 경쟁을 뚫고 아니면 맨몸으로 사회에 뛰어든 사람이든 모두가 기득권이 없이 진입을 하기 때문에 생존을 위해서 먼저 할 수 있는 것은 자신의 노동을 제공하고 일부 생존자원을 얻기 위하여 순종화하는 것이다.

세월이 흘러 어느 정도 사회생활에 적응하고 안정화되면 지금까지 살아온 삶에 대하여 가끔 회의를 느끼기 시작하지만 어떻게 되돌릴 수가 없다. 그래서 위안을 삼을 수 있는 방법이 사회의 계급화와 차별화다. 즉 나는 이만한 지위와 부를 가지고 있어 사회에서 성공하고 출세했다는 것이다. 이때부터 남의 불행이 나의 행복이라는 생각이 들고 시기와 질투, 무관심, 모함 등 각종 사회 부조리가 만연하게 된다. 참으로 안타까운 삶을 살고 있다.

이런 반복된 생활에 몰두하다보면 어느덧 세월이 흘러 퇴직 문화라는 제도에 그나마 유지하던 기득권도 내려놓고 지금까지 경험해보지 못한 또 다른 사회생활로 내몰리게 된다.

이러한 삶의 순환은 뭔지 몰라도 이건 아니지 않는가하는 생각이 들고 여기저기 기웃거리면서 보다 나은 삶을 추구하기 위하여 노력하지만 이미 많은 시간이 흘렀고, 젊었을 때부터 훈련이 안되어 있기 때문에 우리가 외면하면서도 진심으로 간절히 원했던 선과 악의 구별, 즉 양심 자유, 책임, 죽음 등에 전념하는 삶을 얻을 수가 없게 되었다.

즉 인간만이 가지고 특권적으로 누릴 수 있는 만족할 만한 삶을 추구하는 기회를 잃은 것이다.

이렇게 인간관계에 중점을 두고 살아가는 대부분의 삶은 깊은 회환 속에 어쩌면 전혀 후회 없이 육체적 삶의 무게에 허덕이다 생을 마감하게 된다.

지금까지 인간의 3가지 구성요소인 머리, 몸통, 팔다리로 나누어보고 그 기능을 살펴보고 개별인간은 3가지 환경인 신, 자연, 인간과 깊은 관계를 믿으면서 삶을 살아가는데 특히 머리는 신과, 몸통은 인간과, 팔다리는 자연과 아주 밀접한 관계를 맺으면서도 인간의 3구성 요소와 3환경요소는 상호 작용 관계를 가지면서 인간의 삶을 결정한다.

인간의 구성요소와 환경의 구성요소의 관계를 나열하는 이유는 단순히 형식을 파악하기 위함이 아니라 어떤 관계가 삶에 바람직한지를 알아보는 것이다. 먼저 인간의 구성요소에서는 각각의 구성요소가 육체적, 정신적 원활한 활동을 할 수 있도록 최대한 외연을 확장하고 자율성을 보장해 주면서 서로 존중해 주어야 한다. 특히, 정신적으로나 육체적으로 지나친 쾌락을 얻으려 하려면 무리가 따르기 마련이다.

이렇게 인간의 3가지 구성요소가 건강하게 발전한다면 다음은 환경의 3요소 외 외연적 관계를 확장하면서도 어느 한곳에 치우치지 않는 통제와 균형을 이루도록 하는 것이 바람직하다. 이렇게 하면 세속적인 삶의 행복은 유지할 수 있다. 하지만 세속적인 행복한 삶을 유지하면서도 최상의 행복을 변함없이 유지하기 위해서는 삶의 궁극적인 목적이 있어야 삶이 흔들리지 않고 미래에 대한 지속적 희망을 유지할 수 있다.

삶의 궁극적인 목적은 무엇일까?

지금부터 하는 이야기는 앞에서 한 이야기와 차원이 다른 이야기로 아주 오랜 옛날부터 우리 인간들이 하고 싶었던 이야기다.

우리는 신께서 무한한 공간과 무한한 시간을 우리 인간을 위해서 마련해 주셨다고 생각한다.

자연과 시간이 스스로 그렇게 되었다는 것은 목적을 가질 수 없기 때문에 인과론 이외는 우리의 궁극적 목적을 위해서는 달리 생각할 수가 없다.

우리의 궁극적 목적은 우리가 신이 되고자 하는 것이다. 이를 아신(我神)이라 하고 이를 추구하는 철학을 아신학이라 한다.

이러한 주장을 어쩌면 불경스럽고도 말도 안 되는 이야기라고 할 수 있다. 그러나 이러한 궁극적 목적이 없다면 인간의 행복과 희망은 계속 유지 못하고 권태, 불행과 절망의 나락으로 떨어질 것이다.

왜냐하면 행복이라는 것은 누가 언제 얼마만큼 공정하게 보장해 줄 수 있는 것이 아니기 때문이다.

신은 전지, 전능, 전선하다.

인간이 신을 닮아 가려하고 인간이 전지, 전능, 전선하려고 한다는 것은 인간 최고의 희망사항이다.

모든 사람들이 인간이 신이 되간다는 것을 부정하며 불가능한 것이 너무나 자명하다고 당연히 생각한다. 그러나 곰곰이 생각해보면 옛날 신화를 통해서 인간은 신이 되기를 꿈꾸어 왔다. 그리고 인간의 인성은 전지, 전능, 전선이 신성의 일부를 이미 가지고 있다.

예를 들면 인간도 이성을 가지고 있고 기술력(수학, 과학, 공학, 의학 등)에 있어서 눈부신 발전을 해왔고, 인간은 선한 양심(윤리, 도덕, 예술, 종교, 철학 등)을 이야기 한다.

이러한 것들은 인간의 특권이기도 하다.

수학, 과학, 공학을 계속 발전시킨다면 빛보다 더 빠른 여행을 할 수도 있다. 또한 의학을 발전시켜 인간의 수명을 늘리고 돌연변이의 행운이 있다면 인간의 수명을 획기적으로 늘릴 수 있을 것이다. 이런 시대가 되면 인간의 의식주의 문제는 더 이상 문제가 안될 것이다. 정말로 문제가 되는 것은 신이 되는 꿈을 꾼다는 이런 불가능한 것을 어떻게 가능케 할 것이냐는 것인데 먼저 굳건한 희망을 가지고 우공이산의 정신으로 노력 실천하여야 한다.

그리고 모든 학문과 예술, 종교, 도덕 등이 모든 학을 규제하는 아신학에 근거하여 체계적 발전을 시켜야 하며 아신학 자체도 체계적 발전을 해야 한다. 특히 우리 앞에는 신이 무한한 공간과 무한한 시간을 마련해 주심의 의미를 항상 깨달아야 한다.

끝으로 아신을 모시는 곳을 아신당이라 하고, 아신을 연구하는 모임을 아신회라 하고, 아신을 연구하는 학문을 아신학이라 한다.

아신당(我神堂)이라 함은 각자의 자화상을 걸어두고 이때 부처님이나 예수님의 자화성도 함께 함은 아신에 많은 도움을 줄 것이며 이곳에서 노력하고 기도하며 반성하여 아신화(我神化)하는 모든 곳을 말한다. 아신회는 아신을 믿고 실천하는 사람들이 모여서 서로를 격려 위로하고 정진하고 선과 희망을 노래하는 모임이 돼 절대로 많은 사람이 모여서는 아니 되며 하나의 아신회에 33명 이하가 바람직하다. 아신학이라 함은 지금 우리가 배우고 있는 모든 학문과 기술 중에서 특히 수학, 자연과학, 기술학 예술, 종교, 의학, 철학에 중점을 두고 이를 통합하여 모든 학문에 규정근거가 되며 아신회에서 토론하는 학문을 말한다.

이 책을 항상 옆에 두고 굳은 믿음과 이성으로 음미하는 자는 복이 있을 것이다.

아신당에는 부처와 예수상을 나란히 걸고 그 가운데 밑에 아신상(본인상)을 걸어두고 항상 "부예 아신"하며 기도하고 묵상하며 자신을 연마해야 한다. 아신회는 각 회마다 33인 이하의 아신들로 구성되며 아신당에서 각종 토론을 수행한다. 토론의 내용도 모든 학문이 아신이 되기 위해서 어떻게 통합되고 연구 발전시켜야 되는가를 목적으로 한다.

예컨대 수학, 과학, 공학, 의학, 미학, 철학, 종교학 등을 중점으로 연구 발전시키되 철학을 중심으로 통일시켜야 한다. 즉 아신들은 이성에 입각한 철학 중심으로 통일된 학문을 아신학으로 하고, 각자가 나누어진 학문을 통합하여 균형감을 가지고 연구 발전시켜야 한다.

아신교의 기본교리는 우주의 기본요소인 시간성, 공간성, 다양성을 기준으로 삼는다.

시간성은 순간에서 영원까지 있고 그 사이에 죽음이 있어 언제든 인생을 끝장낼 수 있음을 명심해야 한다. 죽음 앞에서 과거를 뒤돌아보고 미래를 끌어들여 현재에서 결단하여 양심에 따른 가치관에 따라서 끊임없이 정진해야 한다.

공간성은 삶의 위치와 방향을 제시한다. 공간은 삶의 운동 범위이므로 그 영역을 계속 확장해 나가되 이웃과 환경을 배려하면서 동행해야 할 것이다.

끝으로 다양성은 무한성을 의미한다.

다양성은 인간이 상상하는 것보다 훨씬 더 다양하고 복잡하다.

여기서 다양성이 중요한 것은 인간이 어떠한 결론을 도출하더라도 그 결론을 초월하는 다른 결론을 도출할 수 있어 항상 겸손하고 상대방을 인정해야 한다.

— ❸ —

미국 이야기

미국은 로마가 그러했던 것처럼 우리 시대의 로마처럼 너무나 커다란 존재로 우리 일상생활에 너무나 많은 영향을 주고 팍스 아메리카나로써 미국중심으로 세계 질서를 형성했다. 미국이 그렇게 할 수 있었던 힘의 원천은 행운도 따랐지만 크고 작은 전쟁을 통한 군사력이었다. 일단 전쟁으로 세계를 제패한 미국은 막강한 경제력과 군사력, 달러의 기축 통화화 풍부한 물적 자원, 그리고 부와 성공을 갈망하는 사람들에 대한 이민정책으로 세계 최고의 우수한 인재 유치 등을 통해 정치, 경제, 사회, 문화면에서 절대적 우위를 차지했다

사실상 미국이 우리에게 서양을 대표하는 국가라 생각하고 우리를 동양이라고 생각하면서 미국을 보다 더 이해하기 위하여 이 둘의 사고와 태도를 비교하면 여러 학자들이 서양은 자연 정복적, 적극적, 진보적, 이지적, 경험적, 물질적, 육체적이라 하고 동양은 자연 융합적, 소극적, 보수적, 감성적, 그리고 정신적이라 한다. 이러한 견해는 둘만의 차이를

비교하려다 보면 2분법으로 설명할 수밖에 없으나 통찰력이 부족한 단순한 이분법적 표현이다. 이에 대해 중국의 양수명은 "동서문화와 철학"에서 동서양의 근본적인 차이는 서양은 과학과 민주주의며 동양은 현학적이며 왕권주의 즉 일인 지배주의라는 것이라 하여 한층 심층적이며 본질적인 언급을 했다. 여기서 현학적이란 학문이 분석적, 증명적이 아니라 신비롭고 증명할 수 없는 심오한 경지까지 언급해서 분석할 수 없는 종합된 경지를 최고의 경지로 보는 것이다. 또한 서양은 과학에서 가치문제를 배제 하지만 현학은 가치를 포함해서 연구한다. 즉 동양은 서양과 달리 시험실이 아닌 필드(field)에서 시공을 도입하여 변화를 고려한 동태적 분석이다

이런 면에서 서양은 분석적 평면적 단편적이고 이데아 적인데 반해 동양은 입체적 종합적이고 실제 상황적이라 할 수 있다 이러한 차이가 나는 이유를 살펴보면 기본적으로 시간과 공간을 도입해서 변화를 상정한 동태적 사고냐 아니냐에 있다.

그리고 시간의 간격을 어떻게 잘라서 보느냐에 달렸지만 결국은 인간을 둘러싸고 있는 환경에 대해서 인간이 적응하고 판단하는 과정에서 선택한 것이며 이 선택은 운명과도 같은 것이지 우열의 차이는 없다고 본다. 그 증거로 오늘날

일본, 한국. 중국의 눈부신 과학의 발전과 민주주의의 진전을 보면 과학과 민주주의는 서양만이 독점할 수 있는 전유물이 아니다.

이제 다시 미국이야기로 돌아가서 미국 국기를 보면 어쩌면 저렇게 미국을 잘 표현했는지 모르겠다. 처음 성조기를 도안한 사람의 의도는 그것이 아니겠지만 무의식중에 표현했는지도 모르겠다. 우선, 별을 보면 한쪽에서 별들의 잔치 내지 별들의 전쟁을 벌이고 있는 것 같고, 선민의식을 표현하고 있는 것 같다. 긴 가로줄은 미국의 사람, 강, 땅, 산들이 제 자랑하면서 맥없이 길게 뻗어나가 조화를 못 이루고 있는 것 같다. 미국의 국토를 봐도 산은 산대로, 물은 물대로, 토지는 토지대로 한없이 넓게 자기 터를 가지고 뽐내며 오만하게 유아독존을 외치고 있는 것 같다. 이들이 종횡으로 조화를 이루지 못하고 있다. 그러나 우리 국기가 많은 의미와 조화를 나타내듯이 우리나라는 산, 물, 토지가 가까이서 어우러져 있는 것을 보면 미국과 너무나 대조적이다. 사소한 비교지만 화폐에 표시한 헤라클레스의 기둥표시, 미국은 세로지만 우리는 가로며 주식시장의 가격등락표시의 색깔, 미국은 녹색이면 우리는 빨간색이다 소방구조대의 전화번호표시도 미국은 911 우리는 119, 방향표시도 미국은 북서를 우리는 동남을 선호한다. 글을 쓸 때도 미국은 주어를 우리는 동사를 강조하며, 글씨쓰기도 미국은 왼손으로 왼쪽에서 오른쪽으로 우리는 오른손으로 위에서 아래로, 등 다방면에서 너무나도 대조적이다. 이러한 사소한 차이는 정치에서는 엄청난 차이가 난다. 미국의 정치결정은 국민들의 이해관계가 첨예하게 대립될 때 우선 의회에 가져가서 이를 의회가 결정하고 대통령은 실천하는 것을 원칙으로 한다. 즉 하의상달 방식이다. 그러나 우리는 먼저 대통령이 결정하고 이를 국회에 가져가서 확정 짓고 국민에게 일방적으로 홍보하는 상의하달 방식이다.

미국은 도시계획을 봐도 적당한 곳에 기존 도시와 동떨어져서 여기저기 산개한 도시를 만들고, 도시모양도 가로줄처럼 길게 설계해서 적당한 사거리에 주유소, 음식점, 카페 등 필요시설이 이어지는 것이 멋없는 미국 국기와 같다. 사람들의 심성도 이렇게 쭉쭉 뻗어서 개인적이고 우월감이 강하다. 반면 우리의 도시는 잉크를 엎질러 놓은 것처럼 연이어 펼쳐나가면서 확장적이면서도 혼합적이고 정리되지 않은 응집력이 강한 집단주의가 강하다.

사실, 미국에 대해 자세하고 많이 그리고 정확히 안다는 것은 불가능하다. 왜냐하면 미국의 크기와 다양성은 깊기 때문에 대부분 일면은 알 수 있어도 전부를 알 수는 없다.

따라서 미국에 대해서 어느 정도 편견을 가질 수밖에 없다. 다만, 한국인의 한 사람으로 미국을 볼 때 옛날의 로마제국처럼 미국이 매우 크고 강하며, 우리에게 많은 영향력을 행사하고, 아주 밀접한 관계를 맺고 있으며, 오히려 너무 편향적 시각을 가지고 미국 제일주의를 견지하고 있다는 사실은 부인 못할 것이다.

이러한 추세에서 맹목적으로 미국을 등에 업고 추종하면서 절대 선을 표방하는 자본주의 깃발을 들고 신자유 무역주의를 무기로 해서 마치 한국이 옛날부터 지녀온 절대 왕가의 전가의 보도처럼 휘두르며 한국을 가진 자와 못 가진 자로, 힘 있는 자와 힘없는 자로 편 가르기로 몰고 가는 우리 기득권의 현실이 매우 서글프고 염려된다.

미국식 정치, 경제, 사회, 문화의 관습과 제도를 금과옥조로 알고 우리가 지향해야 할 목표로 삼는다면 그것은 이조 말에 유교적 관습과 제도를 금과옥조로 삼다가 불행한 경험을 한 것처럼 참으로 불행한 결과가 나타날 것이다. 왜냐하면 미국도 정치, 경제, 사회, 문화 측면에서 너무나 많은 비효율과 모순들이 나타나고 있으며, 우리가 따라 하기엔 너무나도 이질적인 나라다. 그리고 따라 한다 해도 국가의 규모나 문화의 차이로 똑같이 될 수 없으며 주체성 면에서 좋은 일도 아니다. 고금의 역사를 봐도 어느 국가이든 부침과

굴곡의 역사가 있기 때문에 미국의 관습과 제도가 절대 선일 수도 없는 것이다.

정치에 있어서 민주주의, 의회주의와 법치주의 제도를 통해 평등과 자유를 구현하려는 훌륭한 장점에도 불구하고 내면을 들여다보면, 수박을 파고 들어갈수록 씨가 많듯이 사회 깊이 들어감 갈수록 인종차별이 심하다. 이념에 있어서도 많은 변질이 진행되고 있음을 엿볼 수 있다. 특히, 사회 구성원의 고령화와 인종 구성비를 보았을 때 현재 고령층은 백인이 많지만 젊은 층은 유색인종이 많고 증가하는 추세이며 인구 구성도 유색인이 40% 이상을 차지하고 통계에 의하면 2040년에는 유색인종의 비율이 백인 인구를 추월한다고 한다. 그럼에도 불구하고 백인 외 유색인종이 행정부, 입법부, 사법부의 수장으로 역할을 한 사람이 얼마나 있는가? 모든 시스템이 100% 잘 운영되는데도 유색인종의 수장이 이처럼 귀할까?

내가 보기에도 정치에 있어서 진입이 백인 위주로 철저하게 시스템화되어 있다. 그럼에도 불구하고 백인과 유색인종의 인구 구성비에 있어서 백인 아닌 유색 인종의 괄목할 만한 증가율을 보면서 나는 일찍이 백인들의 나태함과 오만함이 보태진다면 조만간 미국에 백인 아닌 대통령이 나올 것이라고 예견했다. 2008년 대선에서 오바마가 대통령이 될 것을 조심스레 예측해 보았는데 현실로 확인됐다. 그러나 오바마는 진정한 의미에서 유색인을 대표하는 대통령이라 할 수 없다. 개인적인 태생도 그러하지만 오바마가 대통령이 된 것은 오바마 자신보다는 민주당이 인종 분포와 같은 시대적 흐름에 따라 백인독점의 기득권을 포기하는 적당한 선에서 타협점을 찾을 수밖에 없었기 때문이다.

미국의 사회, 경제만 보아도 풍부한 기술과 자원을 가지고 있지만 가지고 있는 자본과 노력에 비해 분수에 넘치는 이익을 보고 있다. 그것은 세계 각처로부터 인력과 금력이 유입되기 때문이다. 다시 말하면, 미국에서 판을 벌여놓고 고리를 뜯어내는 경제 시스템이다. 어느 일간지에서 이를 비유하여 '남의 돈으로 호강하는 미국'이라고 비아냥대는 글을 보았다.

미국은 첨단 금융업 또는 서비스업을 하면서 쉽게 많은 돈을 벌려고 한다. 한 예로 미국은 금본위제를 폐지한 후 세계기축 통화인 달러를 가지고 파생 상품이나 환율 이자만 만지작거려도 무역적자와 부채를 걱정할 필요도 없고 해외자산을 맘대로 주물럭거릴 수 있는 마법의 달러 소유자이다. 제조업 같은 궂은 일 이나 이익의 환수가 적고 회임기간이 긴 사업에는 손을 대지 않으려 한다. 그러나 언젠가 미국이 인구 구성비가 변하고 미국이 신용에 있어서 안전하지 않다는 것을 서서히 경험할 때, 그리고 땀 흘려 대가를 받는 제조업을 경시할 때, 미국경제는 급격하게 무너질 것이다.

미국의 행태를 보자. 우리 입장에서 보면, 한때 공산품에서 미국이 우위를 차지하자 자유무역을 무기로 공산품 개방 정책을 강하게 요구하고 농산품은 간섭을 하지 않더니, 요즘에는 우리의 공산품이 어느 정도 우위에 있자 이제는 농산품에서의 우위를 무기로 농산품 개방을 요구하고 있다. 또한, 특허권이나 지적재산권이라는 생소한 권리도 요구하고 있다. 이러다간 스포츠 분야에서도 미국사람들이 신체적으로 유리한 종목이 있다면 스포츠 분야 개방도 요구하지 않을까? 교육 분야에서도 유리하면 우리아이들을 다 교육시키겠다고 개방을 요구하지 않을까? 혹시나 영어 사용료를 내라고 하지 않을까?

사회에 있어서도 총으로 무장한 개인주의, 마약의 남용, 인종 간의 갈등, 절제가 없는 끝없는 물질적 욕망, 이런 것들은 미국사회가 기울어져 가고 있다는 것을 보여준다. 미국은 더 이상 옛날의 미국이 아니다. 우리의 서울 용산의 점령군으로서의 미국, 구호물자로 우리를 먹여 살렸던 미국, 미국 제품이면 뭐든지 좋다던 미국은 더 이상 우리의 우상이 되어서는 안 된다.

자본주의의 모순이 팽배하고 있고, 인종간의 갈등이 심화

되고 있고, 마약의 사용이 보편화되어 있으며, 총기살인이 난무하는 미국은, 이제 도덕적 우위에 있지 않으며 희망을 잃어가고 있다. 미국은 우리가 쫓아가기에 그렇게 매력적인 나라가 아니며, 우리나라가 추구해야 할 모델로서도 너무나 이질적인 나라다. 그리고 세계 어느 나라를 보아도 이웃 국가에 대해 관심과 정보가 많은 것이 보통인데, 우리가 이웃 국가보다 멀리 있는 미국에만 관심을 집중하는 것은 이해하기가 힘들다. 아마 기득권층에서도 이 같은 사실을 몰라서가 아니라 기득권을 유지하고 발전시키고 싶은 마음에 애써 미국편향의 문제를 외면할 것이다.

우리는 더 이상 미국이 주장하는 정책에 대해 맹목적인 추종과 편향은 안 된다. 그리고 미국에 대한 환상의 기대도 더 이상 가져서는 안 된다. 한때, 해가지지 않는 영국은 제2차 세계대전 이후 세계 제일의 자리를 미국에 물려주고서도 아직도 옛날 식민지 국가에 대하여 영향력을 행사하고 있는 것을 보면 백인들이 놀랍고도 집요하다는 생각이 든다. 미국도 지정학적 전략 면에서나 경제적인 면에서도 매력적인 우리나라를 여간해서 놓아 주려 하지 않을 것이다.

미국이 인류역사에 있어서 민주주의의 발전, 자유, 평등의 보편화에 이바지한다는 것은 참으로 지대한 공헌이라 할 수 있다. 어쩌면 미국은 인류 역사상 어느 국가도 하지 못했던 것을 자유사상을 기반으로 하여 실천 하면서 사람들이 누구나 원하는 자연스러운 삶을 구현하고 있는 것처럼 느껴진다. 그럼에도 불구하고 미국의 단점만을 강조하는 이유는 우리나라가 정치, 경제, 사회뿐만 아니라 모든 방면에 있어서 너무도 무비판적으로 강대국인 미국에 편향되어 있기 때문이다.

미국 편향으로 생기는 폐단은 무엇보다 기득권 세력이 다양성을 인정하지 못함으로 인해서 소수가 어디 가서 하소연할 곳이 없다는 것이다. 때문에 우리는 미국을 무조건 좋은 친구라 여기지 말고 견제를 하면서 우리의 경쟁력을 한층 키워야 한다. 그러면 자연스럽게 내부 단결과 협동이 강화되면서 차별도 약화될 것이다. 역사적으로도 우리는 작은 나라가 아니었다. 옛날부터 중국, 일본, 한국이 견제와 협력 속에 삼국관계를 유지하면서 자웅을 겨루며 자부심을 가진 국가였다. 미국을 이대로 따라가면 반드시 화를 당한다. 그런데 미국 편향에 대한 무조건적 반발로 다른 강국을 추종한다면 이 또한 국론분열과 자중지란의 위험에 빠질 수 있다.

우리는 우리 식으로 살아가야 하며 소강국으로 살아갈 수 있는 사회적 시스템을 키워야 한다. 소강국으로 살아가기 위한 몇 가지 방법은 최첨단 기술을 이용한 효과적인 무기체계를 구축하여 적에게 치명타를 줄 수 있다는 것을 보여

줄 수 있어야 하고, 국민들이 친절서비스로 무장하고, 몇 개국 언어는 필수적으로 구사하고, 환경과 도덕을 최고의 가치로 보고, 내수산업과 관광산업에 치중하며, 우리나라의 경제규모를 볼 때 어디까지 개발과 발전을 해서 멈추고 유지 발전시킬 것인가에 대해서 지도자가 국민들을 설득하고 공감대를 형성하도록 비전을 제시해야 한다. 특히, 북한과는 어떤 형태로든지 민족공동체로 생각하면서 통일 지상주의로 나가야 한다. 북한과의 통일은 미래에 미국보다 훨씬 많은 이익을 줄 것이다.

— ❹ —

국토 이야기

우리나라 국기를 보면 미국의 국기와 다르게 매우 짜임새가 있다. 그리고 어떤 의미에서는 폐쇄적이다. 태극표시가 그러하고, 특히 괘가 일사불란하게 주변을 폐쇄시키고 있으면서도 중간을 나누어 어느 정도 통로를 만들어 주고 있다.

우리나라의 면적은 22만㎢, 남한만 하면 9만㎢, 많은 산과 강이 좁은 공간에 서로 교류하는 형태며 삼면의 바다와 함께 매우 아기자기한 반도의 형태다. 그러나 도시의 경우 옛날 도시와 현대 도시가 공존하면서 공간 활용이 좁고 무질서하게 나열되어 있어 마치 잉크를 쏟아서 번져나가는 형태로 공간의 활용이 계획적이지도 못하고 효율적이지도 못하다. 도시는 주로 건물과 도로로 구성되어 있다. 도로는 국토의 좁은 면적에 비해 차량 위주의 지나친 광폭 도로이기 때문에 사람 간의 교류를 단절시키고 공간의 효율적인 이용을 방해한다. 도시 속의 도보는 마치 사막을 횡단하는 것처럼 위험하고 대단한 결심을 해야 걸어 다닐 수 있는 곳이다.

우리는 1960년대부터 국토를 단순한 개발 대상으로 보고 허겁지겁 주로 생존을 위해서만 개발해 왔다.

그 와중에서도 그린벨트를 설정해서 무분별한 개발을 방지한다고 했지만 그야말로 무분별한 그린벨트의 설정으로 개발해야 할 곳과 하지 말아야 할 곳의 경계가 모호해지고 오히려 국토의 미관과 발전을 해쳤다. 이렇게 된 이유 중 하나의 원인은 상위 법 규정의 목적이 너무 추상적인 반면에 하위 시행령은 너무 복잡하고 단속 위주의 소극적 규정이 많고 법과 시행령 사이에 유기적 연계성이 희박하기 때문이다. 모든 부의 원천은 자연으로부터 나온다는 것이 진리라면, 우리는 이제부터라도 계획적으로 좁은 국토를 잘 활용해야 한다. 시간적으로는 개발할 시점을 정해서 시기의 완급을 정해야 하고, 공간적으로는 개발할 곳과 보존할 곳을 구분하여 정하여야 한다. 물론 법적으로 개발지역과 보존지역으로 규정하고 있지만 이는 어디까지나 선험적으로 탁상행정상의 규정일 뿐 구체적 개발계획 단계에서 규제가 없기 때문에 현실과 매우 동떨어진 유연성이 없는 규정이다. 이것은 법 규정 시 이해관계자들의 참여가 활발하지 못했기 때문이기도 하다.

도시의 배열은 환경과 조화롭고 사람과 자동차가 부딪치지 않게 구분하여 도시를 설계해야 한다.

그린벨트에 대하여 다시 한번 언급하면, 1971년 실시된 우리나라 그린벨트 제도는 그 주된 목적이 도시의 무질서한 확산방지와 자연환경 보전이라고 할 수 있는데 도시의 연담화 방지는 그린벨트로 해결될 문제가 아니고 산이 많은 우리나라는 도시계획만 잘 세운다면 저절로 연담화를 막을 수 있다. 또한 그린벨트로 환경보전 한다고 하지만 사실은 그린벨트 안팎에 난개발을 방치하고 오히려 그린벨트 지정으로 비닐하우스, 창고설치, 불법시설 등으로 오히려 환경을 훼손하고 있다고 봐야 한다.

서울의 경우 그린벨트로 인하여 적정한 개발이 이루어지지 못하고 주택 가격을 상승시키고 도시 간 이동을 차단하여 사회적비용을 증가시킨다.

그린벨트 제도 개선을 말하면 먼저 그린벨트 제도에 대하여 국민적 합의기구를 설치하여 목적, 폐지, 조정, 문제를 근본적으로 다루어야 한다.

내 생각에는 그린벨트의 도심화를 했으면 좋겠다. "그린벨트의 도심화" 그린벨트 해제 시 그 재원을 바탕으로 도심에 녹지 공원을 조성하여 지하는 공용주차장을 만들고 지상을 공원화하고 일부공간에 3, 4층 건물을 지어 카페, 도서관과 노인정 등 주민편의시설로 활용하면 된다.

미국이나 영국에도 그린벨트 제도가 있지만 우리나라처럼 금지에 중점을 둔 것이 아니라 충분한 보상으로 활용에 중점을 두고 운영하여 오히려 그린벨트 토지 가격이 더 비싸다.

농촌에 대하여 이야기한다면, 농촌은 농촌다운 맛이 없고 도시를 쫓아가다 보니 도시도 아니고 농촌도 아닌 기형적인 형태가 되었고, 산의 경우는 산을 너무나 신성시해서 기괴하리만큼 이용을 제한하여 그린벨트의 이용 사례에서 보는 것처럼 오히려 자연적 훼손이 심하다.

국토를 시기적으로 언제 개발할 것이냐는 매우 중요하다. 역사적으로 보아도 단기간의 집중적이고 지나친 토목공사는 반드시 화를 불러오고 자칫하면 나라의 흥망을 좌우하게 될 수도 있다. 너무 무리하고 큰 공사를 한꺼번에 벌이면 동맥경화처럼 필히 화를 부른다.

동서양을 막론하고 공간에 있어서 삶의 기본단위는 성(castle)이었다. 적당한 규모의 성은 삶의 유대감과 친밀성을 확보할 수 있다 물론 폐쇄성과 보수적 경향도 있지만 오늘날 눈부신 통신과 기술의 발전은 이런 문제점을 해결할 수 있을 것이다

공간 활용에 있어서는, 우리나라의 전체 면적에서 산이 차지하는 면적이 70% 정도인 산악국가임을 감안하여 산을 잘 이용하는 국토정책을 써야 한다. 예를 들면, 평지에만 도시를 건설할 것이 아니라 산을 중심으로 6부 내지 7부까지

환경 친화적으로 개발 · 토목하고, 야산 개발을 적극적으로 권장하여 주거시설의 경우 평지의 토지 수요를 산에서 충족시키고, 평지는 산업시설이나 상업시설 위주로 하면서 필요에 따라 주거시설을 짓는다. 그러면서도 산지 개발이 주가 되어서는 안 되고 어디까지나 자연과의 조화를 우선으로 하면서 평지의 이용을 최대화하기 위한 보조 수단이 되어야 한다.

그리고 평지의 시설형태도 태극기의모양을 기본 삼아 바둑판 모양처럼 사방 수 ㎢ 단위를 기준으로 전통한옥의 “ㅁ”자 모양으로 혹은 “ㅇ”자 모양으로 나열하여 이것을 sell town이라 하고, 이곳에 필요한 시설을 다양하게 집중시키되 타운 안은 보행자 거리로 이용하고 타운 밖은 자동차도로나 주차장으로 활용하도록 하면서 자동차 이용과 사람의 보행이 대면하지 않도록 하고, 소음방지를 위하여 녹지공간을 적당히 채워나간다면 아주 쾌적한 세계 일류의 도시가 될 것이다.

자동차도로가 보도의 이용을 불편하게 해서는 안 된다. 이러한 sell 단위의 도시는 차량통행을 완전히 차단하고 자동차 소음도 없으며, 마치 도시 속에 전원을 옮겨 놓은 것 같으면서도 도시의 편리한 기능이 모두 들어가 있어야 한다. sell 단위 자체로 해결되지 않는 도시기능은 이웃 sell에서 자동차로 옮겨가며 이용하면 된다.

특히, 산, 야산 및 구릉의 이용에 있어서 발상의 전환이 필요하다. 평지에만 살 필요가 없다. 문명의 이기인 좋은 기술과 많은 장비가 산에서 사는 것을 아주 편하게 해줄 것이다. 그리고 공동체의 일체감도 줄 것이다. 특히, 환경적으로 얼마나 좋겠는가? 다만, 자연환경을 파괴하지 않기 위하여 주거환경을 주변 여건에 맞게 몇백 명 단위에서 심지어는 몇십 명 단위로 조성하여 치안시설, 의료시설, 쇼핑시설, 위탁시설 등은 적당한 원거리에서 지원받고 이들을 잘 배합해서 종합적으로 배치하되 엄격한 법적 규제가 있어야 한다.

국토개발의 전제조건은 할 곳과 할 때를 분명히 하고 환경을 파괴하는 것이 아니라 인간이 거주함으로써 보기에도 아름답고 인간의 시설이 자연과 조화롭게 되어야 한다는 것이다. 이렇게 하기 위해서는 산지의 시설 규모를 최대한으로 적게 하고 미적 감각을 최대한 살려야 한다.

서울과 같은 기존 도시에 이런 sell 단위의 도시계획을 적용하기 위해서는 앞으로 도시계획을 할 때 작은 나라에서 너무 큰 용도지역별 대단위 건설계획을 세울 것이 아니라 sell 단위 도시계획을 세워 이런 sell 단위 도시가 이웃의 sell 단위 도시와 유기적으로 연결되도록 용도지역을 정하면 된다. 내 생각으로는 현재의 서울 도심에 sell 단위 도시계획을 적용하면 좋겠지만 기존 도시로 인해 적용하기가 어렵다. 따라서 신도시 건설에 이를 적용할 수 있으며, 특히 도심 재개발사업에 적용할 수 있다. 강북의 경우 개발여지가 많은데 재건축 재개발할 때 기존 건물을 철거하고 그 자리에 일률적으로 고층건물을 짓는 것보다는 먼저 강북의 마스터플랜을 먼저 세우고 이에 따라서 sell 타운에 입각한 재개발이어야 한다. 마스터플랜이 최고의 건설 관련법이 되어야 한다. 그리고 국토이용의 공공성이 강조되어야 한다.

우리나라도 도시계획법에 따라 도시기본계획이라는 마스터플랜이 있다. 매우 상세한 규정이 나열된 계획으로 로드 맵에 가까운 계획이다. 문제는 마스터플랜 결정 과정의 정당성 확보가 안 되어 있다는 것이다. 물론 법적인 정당성을 인정받았지만 국민적 정당성, 타당성에는 전혀 그렇지 않다는 것이다. 우선 마스터플랜 결정 과정에서 이해 당사자인 거주민의 의견과 이익이 제대로 반영되지 못하고 행정 절차의 전권에 의해 일방적으로 결정된다는 것이다. 그리고 마스터플랜이 결정되기 전에 이미 용도지역(Zoning), 즉 주거지역 · 농업지역 · 상업지역 · 공업지역 등이 법에 의하여 이미 정해져 있기 때문에 마스터플랜으로서 기능을 할 수 없다. 마스터플랜이 타당성을 가지려면 먼저 개발지역이 백지상태에서 마스터플랜이 세워지고 이 계획에 의해

용도 지역이 정해져야 그 제 기능이 발휘될 수 있을 것이다. 그리고 이 계획에 대한 불복이 행정부, 국회, 법원에 제기할 수 있는 절차가 원활하고 실효성을 가지도록 할 때 마스터플랜이 정당성이 있다고 할 수 있다. 이런 의미에서 최근에 서울시에서 추진하려고 하는 중심도시 건물의 주택사업인 house-office-linkage는 타당성이 있다고 본다. 왜냐하면 이 사업이 잘되면 기 용도 지역의 단점을 극복하고 서울시 마스터플랜에 용도지역을 맞출 수 있기 때문이다. 하지만 여기에 난관은 있다. 우선 법률을 고쳐야 하고 이해관계자들에게 충분한 인센티브를 제공해야 한다.

어쨌든 이러한 sell 단위의 도시계획은 도시재개발 사업에서 대단위 개발과 천편일률적인 성냥갑 같은 아파트 사업보다 현지 주민을 수용할 수 있는 규모와 수준으로 얼마든지 융통성 있게 환경에 맞추어 변형할 수 있기 때문에 소외되는 빈민층을 포용할 수도 있으며, 몇 개의 시범지역을 정하여 성과를 본 다음 이를 확장해 나간다면 세계 최고의 아름다움과 수준을 자랑하면서 최대의 관광자원이 될 수 있다.

국토개발에 있어서 무엇보다도 중요하게 고려해야 할 사항은 저소득층에 대한 따뜻한 배려이다. 현재 아파트 위주의 대도시 개발은 개발이익의 대부분이 개발업자에게 돌아가고 나머지는 일부 투기세력에게 돌아간다. 실제 주택이 필요한 저소득층이나 서민층은 아파트에 사는 것 자체가 재정적 부담으로 감당하기가 어렵다.

sell 단위 개발형식은 이러한 난제를 해결할 수 있고, 개발형식에 있어서도 주민과 개발업자가 직접 접촉하게 하지 않고 국가가 주민과 접촉해서 모든 개발권을 수용하고, 수용한 개발권을 조건을 붙여서 개발업자를 상대로 경쟁 입찰에 붙이면서 정부가 개입하여 지원하면 주민과 개발업자 모두를 만족시킬 수 있을 것이다.

우리나라의 경우 국토 이용에 있어서 매우 중요한 것은 삼면의 바다를 이용하는 것은 빼놓을 수 없는 국가의 중요 사업이다. 바다환경을 보호하면서도 바다의 자원을 적극적으로 이용할 수 있는 계속적 투자가 필요하다. 한 예를 든다면 내륙 위주로 개발된 도시를 해안 도시로 재 배치하여 물류 중심 도시화, 관광도시화를 이루어야 한다.

통일은 국토는 선택이 아니라 필수다 통일을 함으로써 온전한 국토관리가 가능하고 해양국가와 대륙 국가로써 발전할 수 있다. 통일만 할 수 있다면 비용의 문제는 남는 투자라고 생각하면 된다. 자칫 잘못하면 강대국의 분리 정책과 내부의 기득권의 논리에 소탐대실할 것이다. 역사적으로 봐도 분단돼있던 삼국시대와 남북조시대의 삶과 통일되었던 고려와 조선시대의 삶을 비교해 보면 분명할 것이다.

고려시대에는 대몽고와 치열하게 싸울 수 있었던 국력이 있었고 이조시대에는 문화적으로 우리의 르네상스라 할 수 있었던 시절도 있었다.

그리할 수 있었던 배경에는 두 왕조 모두는 해양과 대륙으로 폭넓게 국가를 운영할 수 있었기 때문 일 것이다.

— ❺ —

정치 이야기

정치란 정치사상이나 정치철학에 관계없이 국가를 중심으로 볼 때 나라의 살림을 맡아서 하는 일 또는 국가 권력의 획득 · 유지 · 행사를 위한 투쟁이나 조정을 하는 여러 가지 일이라 할 수 있다. 또한 정치의 목적은 무엇보다 국가구성원인 각 개인의 자유 안전과 최소한의 인간다운 생활을 보장해 주는 데 있다. 정치행위, 즉 정치에 종사한다는 것은 자기 능력에 따라 지위를 차지하고 과실을 얻는 직업이 아니다. 그것은 공동체에 대한 단기적 자기희생이며, 장기적 자기이익이다. 따라서 정치란 직업적으로 부와 명예를 위해서 나서서 되는 것이 아니라 봉사 개념으로 뽑아서 고독한 결단을 내리게 하는 직업이다. 그래야만 정치의 공정성을 얻을 수 있다. 이러한 개념을 가지고 우리나라의 역사적 현실을 살펴보면 우리의 정치적 상황과 실태를 엿볼 수 있다.

우리나라 정치 현실을 보면, 1800년대 세계적 추세인 식민주의적 제국주의에 맞서 대원군은 치열하게 싸웠지만 민심을 위한 것이 아니고 국가 구성원의 내부적 합의나 단결

없이 그야말로 그들의 종묘사직만을 위해 싸웠기 때문에 쇠약해지면서 결국 한일 합방을 맞았고 일본의 한반도에서의 퇴각과 함께 미국이 점령했으며, 1948년 남북분단으로 두 개 정치체제 수립, 1950년 한반도에서 3년간 벌어진 미국진영과 중국과 소련진영의 대리전쟁, 1960년 우리나라 최초의 시민 혁명 그러나 미완성의 4 · 19 혁명, 1961년 인간의 가치관을 지금까지 크게 왜곡시킨 5 · 16 군사쿠데타, 1980년 5 · 18 광주학살사건, 2024년 12월 3일 친위 쿠데타 등 1800년대부터 2000년대인 지금까지 200여 년 동안 편안한 날 없이 지독히도 시련을 겪고 여기까지 만신창이가 되어 다양성을 무시한 채, 다양성이 어떤 의미인지도 모르고 아주 피곤한 외골수의 삶을 살아왔다. 한마디로 자유, 평등과 관용 없이 살아온 것이다.

사람은 할아버지, 아버지한테 가치관과 생활태도를 자연스럽게 배우는 것이고, 한 번뿐인 우리의 인생은 이렇게만 사는 것은 아닐진대 우리는 정치관에 있어서 그동안 너무나 이질적이고 혼란스러우며 이중적이고 독선적인 가치관과 생활태도를 배우면서 살아왔다. 이런 와중에서도 단지 잘 살아 보겠다는 경제제일주의의 그릇된 가치관을 가지고 현재 극심한 진보와 보수의 갈등 속에 오락가락 하면서 살고 있다.

이제는 “정치”하면 아예 경제의 하위 개념으로 생각하는 것 같다. 이런 역사적 과정에서 우리나라 정치의 특징과 문제점을 보고 그에 따른 정치인들의 가치관과 형태를 보면 매우 우려스럽고 실망스러운 것이 많다.

우리나라 정치제도의 특징을 살펴보면, 민주주의 헌법에 대통령 직선제와 삼권분립 제도를 가지고 있다. 헌법은 민주주의와 정의, 자유, 평등을 기본으로 삼고 있지만, 어느 대통령도 헌법에 열거된 가치에 대하여 구체적으로 생활화되고 자연스런 확신을 갖고 깊은 철학과 함께 국민 앞에 국가 이념으로 내세운 사람들이 없다. 오히려 통치하는 데 있어서 이러한 헌법상 이념들을 거추장스럽게 느꼈고, 장식품처럼 여겼으며, 그들의 정당성과 정권유지를 위하여 이념을 호도하고 이용하여 반공이나 부국에 온 정신을 쏟아 부었다. 설령, 반공이나 부국이 현실에 있어서 중요하다고 해도 그것을 전면에 내세울 가치가 되어서는 안 되고, 어떤 환경에서라도 헌법정신에 맞게 자유, 평등, 민주주의를 내세우면서 반공이나 부국이 수단이라는 것을 강조했어야 한다. 헌법적 가치를 내세운다고 해서 경제발전이 되지 말라는 법칙은 없다.

결국 반공이나 부국을 내세워서 얻어진 것이 무엇인가? 편협한 세계관과 인생관이 형성되어 도저히 인간의 존엄성과 가치를 찾아볼 수 없고, 황폐한 인간상을 보여주고 있다. 또한 부국의 강조도 오늘날 돌이켜보면, 환경파괴, 자원낭비, 불필요한 생산의 양산, 시행착오, 천민자본주의의 육성으로 이 또한 역시 심적으로나 육체적으로 황폐한 인간을 양산했다. 다시 말하면 물질적 만족에 전념케 하면서 영혼 없는 소비 중심적 인간을 양산하고 있다. 특히, 더 무서운 것은 정치인들은 이러한 현상을 인식조차 못하거나 애써 외면하려고 하면서 오히려 이런 상황을 이용하여 국민들을 영혼 없는 경제적 동물로 극도로 피곤하게 몰고 가고 있다는 것이다. 물론 이것이정치인들만의 책임이 아니고 국민 대다수의 철학적 가치관의 왜곡에 대한 무지에서 오는 책임도 크다.

문제는 이 와중에서 누가 이 대열의 낙오자인 대부분의 서민들의 눈물을 닦아 주겠는가? 단순한 동정심과 인격에서 우러나오는 그런 구제가 아닌, 서로의 이익을 위한 너무나 논리적이고 당연한 구제를 가식 없이 인간의 존엄을 위해서 해 주어야 하는 것이다. 이것은 칸트가 말한 인간을 수단이 아닌 목적으로 다루어야 한다는 이야기며 우리 국민은 그럴 자격이 있다.

우리가 인간답게 살아야 한다는 것은 이미 헌법에 다 열거되어 있다. 우리가 헌법이 없고 그것을 지킬 필요가 없다고 합의되었다면 모르지만, 엄연히 헌법이 존재하고 준수하기로 맹세한 이상 행복, 평등, 자유가 우리의 정치 목표가 되어야 한다. 적어도 정치인의 입에서 이런 단어가 자주 사용되어야 한다.

혹 많은 사람은 안보나 부국 없이 어떻게 자유, 평등의 가치를 지킬 수 있냐고 반문한다. 그 말도 맞다. 그렇다고 안보나 부국을 정치 목표로 삼아 끝까지 살아갈 수 있는지, 또 그만한 가치가 있는지 되묻고 싶다.

1945년 8월 15일 이후 70여 년 동안 우리가 추구한 반공과 부국이 오늘날 우리 현실을 탄생시켰고 황폐한 인간(이념대립, 빈부격차, 남녀갈등 지연·혈연·학연의 비합리성)을 탄생시킨 이 현실에 만족하는가? 양심 있는 사람으로서 이런 일을 지적하지 않으면 누가 사람이라 하겠는가?

다시 정치 현실로 돌아가서 이야기하면 우리나라의 삼권분립제도는 매우 형식적이다 삼권분립 이론 자체가 매우 진부하면서도, 제한적인 이론이지만 나름대로 민주주의에 공헌한 바가 크다. 삼권분립 제도는 권력을 세 개로 분할하는 것이며, 분할하는 이유는 견제와 균형(Check and Balance)을 이루기 위한 것이라는 것은 누구나 잘 알고 있다. 여기서 견제란 국민들을 위해서 치열하게 경쟁하는지 제대로 그 역할과 기능을 다하는지를 조사하고 확인하는 것을 의미하고,

균형이라 함은 삼권이 대등한 힘의 정립 즉 배분이 균등되어 있음을 의미한다. 즉, 다른 권력이 어느 한 권력을 일방적으로 무너뜨릴 수 없는 것을 의미한다. 그런 의미에서 삼권분립의 기본 개념은 감시와 견제(check and balance) 혹은 조사와 평가라고 번역되어야 한다.

그러나 묘하게도 귤이 회강을 건너면 탱자가 되듯 이 좋은 제도가 우리나라에서는 번역부터 그야말로 탱자가 되었다. 다시 말하면, 삼권분립은 각자가 국민과 국가를 위해서 각부(府)를 감시하고 비판하면서 치열하게 싸우고 시정토록 하는 것인데도 우리의 경우 삼권을 단순한 분리, 독립으로 보고, 서로의 성(城)을 쌓고 서로의 간섭을 극도로 배제하려 든다.

그리고 국민들을 위하여 기득권을 내려놓도록 간섭을 할 양이면 전가의 보도처럼 삼권분립 원칙에 어긋나는 행위라고 서로 비난하는 어처구니없는 해프닝을 벌이면서 국민들을 위해서 치열하게 싸워서 상처를 입는 것을 피하고 안락한 울타리 안에서 만족한다. 박제화 된 삼권정립이 되어 버린 것이다. 이런 상황에서 국가정책의 통합이란 요원하며, 그나마 힘이 센 행정부만 다른 부(府)를 통제하려 든다. 특히, 입법부를 우습게 보고 입법부의 절차와 기능은 요식행위로 취급하여 희극화한다. 사법부는 전면에 나서지 않으면서 수많은 법률을 걸어 놓고 권력을 즐긴다. 입법부는 아무 실질적 권한 없이 실적도 없이 권위를 인정해 달라고 말잔치만 한다.

지금 우리 삼권분립의 운영 실태를 보면 삼권끼리의 견제 기능이 너무 약하다. 특히, 사법부는 좋든 싫든 간에 권력 있는 기관으로서 모든 분쟁의 최종 심판자로서 절차와 결론에 있어서 국민의 신뢰를 얻어야 할 기관임에도 불구하고 사법부의 견제 기능이 너무 행정부 편의적이며, 사법부 이익 우선 등 공정성에도 우려가 있다. 이 지경까지 오게 된 이유는 국민이 삼권을 견제케 하는 기능이 독재 개발 과정을 통해서 특히 약해져왔기 때문이다. 이런 문제는 대부분 국민이 삼권을 강하게 견제할 수 있는 권한을 가짐으로써 해결할 수 있다. 국민소환, 배심원 제도, 인사권 행사, 시민 항의권, 공청회의 실질적 권한 강화 등이 선결되어야 한다. 공청회의 한 예를 보면 공청에 관한 법에서 수렴된 주민의 의견이 외국의 경우는 반드시 반영되어야 한다고 규정하고 있지만 우리는 반영할 수 있다고 규정해서 국가가 맘에 안 들면 채택 안 해도 문제가 없다. 그야말로 이 좋은 제도가 귤이 탱자가 되었다. 이러한 예는 비일비재하다. 꼭 삼권이 아니라도 사권, 오권이 분리되어 원처럼 서로 물고 물리면서 견제와 균형이 이루어져야 한다. 또한 삼권분립은 각 부(府)

내에 서로 생성되고 운영되어야 한다.

제도적 측면 외에 이러한 역사적, 제도적 과정에서 형성된 정치인들의 가치관과 행태를 살펴보면 더욱 이상하게 느껴진다.

정치인들은 정치가 국가의 살림을 맡아서 하는 일이라는 것을 잘 인식하고 있을까? 설령 잘 인식하고 있더라도 어떻게 행동하는 것이 국가의 살림을 맡아 하는 것인지 지방자치 살림이나 사기업의 살림과 구분을 못하고 행동하는 것 같다.

국가 살림의 큰 특징은 국가의 모든 참여자들의 공동이익을 최우선으로 삼아야 한다는 것이다. 어떤 참여자의 이익을 뺏어서 다른 참여자에게 주어서는 안 된다. 기업은 하나의 참여자로서 자신의 이익을 위해서 다른 기업의 이익을 경쟁을 통해서 뺏어 올 수 있지만, 국가는 경쟁을 통해서 다른 참여자의 이익을 뺏어 올 방법도 없고, 또한 정의, 평등, 자유 개념을 위반해서도 안 된다.

국가는 토론을 통해서 참여자들에게 올바른 교육과 정보를 주어서 좋은 규칙(rule)을 선택하도록 하고 국가는 이런 과정을 잘 보살펴주고 규칙에 따라 활동하도록 감시와 감독을 하되, 행정부는 기업적인 행동에 직접 간여해서도 안 된다. 최종적인 판단은 사법부를 통해서 하고. 행정부는 사법부의 판단을 강력하게 집행하면 된다.

그러나 우리의 정치인들은 자기 아니면 안 된다는 신념으로 자기에게 주어진 전권을 자기가 선호하는 방향으로 100%도 모자라 120% 이상으로 행사하려 한다. 즉, 권력 행사에 있어서 자기 억제 능력이 없다. 아마도 이것은 우리가 유교사상에 영향을 받아서 인치나 왕도정치와 법치 정치를 구분 못하고 혼동하는 데서 오는 것이 아닌가 생각한다. 그리고 행정부나 입법부에서 사법부에서 해야 할 최종 결정 권한을 너무 남용하고 있기 때문일 것이다. 예를 들면, 위생 단속권이나 교통 단속권 등은 행정부에 있더라도 벌금 등, 징벌은 실질적으로, 일상적으로 사법부에서 판단하도록 해야 한다는 것이다.

또한 대개 정치인들의 특징을 보면 변질이 잘되고 일관성이 없다는 것이다. 처음에는 아마 본인들도 국가, 민족, 정의, 평등, 자유 등 공동선을 위한 개념을 이해하고 실천하려는 결심을 했을 것이다.

그러나 우리 근대 100년의 역사가 증명하듯이 굴절과 상황논리의 연속이다. 이로 인해 정치인들도 공익을 위해 열심히 일하다가 이것을 실현하기 어렵고 자기 자신에게 어떠한 이익도 되지 않는다는 것을 금방 깨닫는다. 그리고 사익을 추구하기 위해서 역득(役得)에 비상한 노력을 경주한다.

임기 중 최대한 권한행사와 사익추구를 하고 법망을 최대한 피하고 비난을 최대한 은폐하는 것이 곧 자기의 능력으로 착각한다.

이는 개인의 능력에 따라 공동사회에 이바지 하는 것이 아니라 개인의 능력에 따라 공동사회의 파이를 당연히 독식할 수 있는 것으로 착각 한다. 그리고 뒤에서 혼자 만족하는 것 같다. 다시 말하면, 우리 정치인들의 특징은 권력의 자기 억제능력 부족, 즉 깊은 철학적 생활수련이 없고 단기간에 공익을 사익으로 둔갑시키는 데 천재적인 재능을 발휘하고 자기만족을 위해 혼신의 노력을 한다.

정치의 내부를 살펴보면 무서운 것이며, 음모술수가 난무하는 곳이다. 권력 앞에서 춤추는 것은 칼날 위에서 춤추는 것과 같다. 늙어서 그 의미를 알 수 있으나 그때는 늦는다. 좋은 정치인은 겉으로 선을 내세우면서도 내부의 자신 및 외부 정적들과 치열하게 싸움을 해야 한다. 좋은 정치인의 자신의 경향성을 억제해야 한다.

이 와중에도 코미디 같은 것은 여당의 가치관이다.

의원 내각제가 아닌 대통령제하에서 집권여당(ruling party)이란 있을 수도 없고 있어서도 아니 된다. 의회는 다수당과 소수당이 있을 뿐이다. 그럼에도 불구하고 우리의 경우 공공연히 집권여당 혹은 국정운영의 주체라고 한다. 그리고 행정부와 동반자관계에 있다고 한다. 이는 달콤한 권력을 즐기려는 욕심에 심취해서 그리 했는지 모르지만 여당의 본연의 임무는 대통령제 하에서는 책임지고 행정부를 국민의 입장에서 철저하게 감시 하고 견제 하는 것이다. 여당 운운 하는 자체가 민주주의와 삼권분립제도를 철저하게 유린하는 행위이다. 미국의 경우도 어느 당이 대통령을 배출 한다 해도 대통령을 배출한 당은 행정부와 모든 정책을 행정부와 같이하는 것이 아니고 어디까지나 의회 본연의 역할 하면서 행정부의 정책을 의회의 입장에서 판단하여 결정한다. 집권 여당이 무조건 행정부편이면 국회는 당연히 야당만 남는다. 다수결을 원칙으로 하는 국회운영은 보지 안 해도 여당이 행정부의 편을 드는 한 행정부 의도대로 운영될 것이다. 외로운 소수 야당은 자신도 모르게 무엇이, 어디서 잘못 된지도 모르고 과격해지고 언어폭력이나 실제 폭력의 길로 갈수밖에 없다. 다시 말하면 다수당이 전가의 보도처럼 휘두르는 다수결의 원칙은 어디까지나 삼권분립의 원칙이 정상적으로 지켜진다는 전제하에서 다수결의 원칙이 지켜져야 한다. 그리고 의회가 제대로 운영되지 못하는 이유는 미국처럼 철저하게 권력의 핵심으로 의회우월주의를 추구하면서 행정부를 견제하는 의원소수의견이 국회의 의견으로 받아드릴 메커니즘이 없기 때문이다. 미국 의회가 한사람의 의

원에 의해서 청문회를 개최할 권한을 가지고 있다는 것을 알고 이해하는 사람이 몇이나 될까 그리고 미국 수권 위원회의 권한에 의해서 의결만 하면 행정부의 조직과 예산이 하루아침에 사라지고 국가의 예산과 세금의 결정이 미국 의회의 절대적 주도하에 편성된다는 것을 누가 이해할까? 그리고 문제 해결에 있어서 양당의 인원수와 관계없이 양당의 동등한 수로 조사 위원회를 구성해서 운영하는 경우가 많다. 바로 이런 것들이 소수의견의 반영이다. 미국의 소위 여당은 행정부와 정책적 소신을 같이 할 수 있지만 근본적으로는 행정부 감시, 견제세력으로서 독립적 정치 권력기관이다.

다수당이 공공연하게 행정부의 편을 들어 운영하면 토론문화가 정착할 수 없고 허구한 날 갈등과 극한대립을 할 수밖에 없다. 우리 국회의 모든 부조리는 다수당인 여당이 행정부의 편에 붙음으로써 일어나는 현상이다. 국회를 여당과 야당으로 나누어서는 안 된다. 국회는 오로지 다수당과 소수당이 있을 뿐이다. 물론 여당이 행정부의 강력한 동반자 편이기 때문에 강한 정책을 펼 수도 있지만 이는 내각 책임제 하에서나 할 수 있지 대통령제 하에서는 정말로 삼권분립원칙에 어긋나며 의회주의 원칙을 말살하고 민주주의를 좀먹는 암적 존재인 것이다.

우리나라의 정치가 잘 되려면 먼저 대통령에 집중된 권한을 분산시키고 행정부의 준사법 조직과 군대 조직을 견제와 균형이 이루어지는 삼권분립 원칙하에 개혁해야 하고 사법부는 충원의 다양성을 확보하고 법률을 형식보다 내용에 있어서 정교하게 다듬을 필요가 있다. 의회는 선출과정에서 투표가치가 공평하게 반영될 수 있도록 선거개혁을 하고 국민의 의사가 즉시 원활하게 반영되는 감수성 강한 국가조직이 되어야 한다.

무엇보다 국가권력을 견제하고 시정시킬 수 있는 국민 권한을 보장해야 된다.

— ❻ —

경제 이야기

“부자 되세요.” 지금도 사람들이 이 말보다 더 좋아하는 인사말은 없을 거다. 60년대와 70년대에는 “잘 살아 보세”가 그 당시 사회적 트렌드로써 어느 정도 사회적 공감대와 좋은 것은 아니지만 그래도 가난으로부터 탈출이라는 일말의 정당성도 있었다. 그러나 오늘날 “부자 되세요” 하는 말의 “부자”에는 단순히 부자의 의미만 있는 것이 아니라 거기에는 부와 명예, 그리고 권력과 건강 등 모든 탐욕이 포함되어 있어 부만 확보하면 모든 욕망이 채워지고 모든 문제가 해결된다고 확신하는 주문이다.

옛날이나 지금이나 인간 사회활동의 핵심은 힘(power)을 어떻게 쉽게 모으느냐는 것이었다. 인류는 힘을 얻기 위해서 다른 사람의 동의를 다시 말하면 정당성을 얻어야 한다. 이러한 힘을 쉽게 얻기 위해서 동의의 방법으로 한때는 혈통을 내세웠고, 혹은 명예나 지식을 내세웠다.

그런데 오늘날에는 부를 내세워 힘을 얻는 정당성을 얻으려 한다. 그리고 부를 집중적으로 쉽게 얻는 방법으로 고안한 것이 자본주의와 시장주의다. 자본주의란 쉽게 말하면 모든 가치를 돈으로 환산해서 시장을 통하여 거래할 수 있도록 하면서 인간생활의 모든 순환과 질서를 돈으로 구축하려는 제도이다. 따라서 이 시대는 시장을 독점하고 지배하는 자가 힘을 얻는다. 오늘날 우리는 자본주의 시대에 살면서 옛날의 노예제도나 봉건제도를 벗어났다고 좋아한다. 그러나 역사적 맥락에서 보면 무늬만 바뀌었지 본질에 있어서는 가진 자와 못 가진 자의 갈등은 옛날이나 지금이나 변한 것이 없다.

옛날이나 지금이나 경제에 있어서 부의 양보다는 부의 편중이 항상 더 문제가 되어 왔다. 어떤 제도의 선악(善惡)을 논하기에 앞서 진행된 제도를 운영한다면 그 제도를 인정하고 정부가 그 제도의 단점을 인식하고 보완하려는 지대한 관심과 노력이 필요하다. 따라서 자본주의와 시장주의는 오늘날 주된 제도임에도 불구하고 많은 단점이 있다는 것을 먼저 인식해야 한다.

자본주의에서 공급하는 상품은 사용가치 보다 교환가치에 중점을 두어 불필요한 상품을 경쟁적으로 공급하여 자원의 낭비를 가져오고 자연의 낭비는 빠른 환경파괴로 이어진다. 또한 자본주의는 인간의 가치를 시장에서 금전적으로 정한다. 인간은 생존을 위하여 어쩔 수 없이 시장에 나가지 않을 수 없다.

주관적으로 자기가 아무리 능력 있고 훌륭하다 해도 시장에 나가서 타인의 평가를 받지 못하면 가치를 잃어버린다. 따라서 현대인들은 너 나 할 것 없이 타인의 평가에 의존하고, 자신을 어떻게 해서든지 꾸미고 가치를 높이려 하며, 늘 타인의 평가에 불안해하고 조바심을 낸다. 그래서 현대인은 그 어느 때보다 가식적이며 불안, 초조, 소심함이 내재되어 있다. 인간의 가치가 시장에서 금전적으로 타인에 의해 평가되어 인간의 개성 존엄성을 상실하게 되는 것은 현대의 커다란 비극이며 어쩌면 인간의 탐욕에 대한 신의 당연한 심판인지도 모른다.

자본주의사회에서는 필연적으로 빈부의 격차가 심해진다. 가진 자는 가진 것을 무기로 규모의 경제 효과로 항상 초과 이윤을 얻을 수 있다. 그리고 돈의 순환은 물과 같아서 일정 기간이 지나면 한곳으로 쏠리는 현상이 일어난다. 이것은 돈이 재화나 용역과는 달리 시공에 거의 제한을 받지 않고 움직일 수 있기 때문이며, 부의 집중과 부의 대물림이 가능하다. 그나마 다행인 것은 지금의 자본주의가 제국주의 시대의 자본주의처럼 전쟁을 일으켜서 상품을 소비 시키는 것이 아니라 비교적 평화 속에서 광고를 통해서 상품을 소비 시킨다는 전략은 불행 중 다행이다.

누구는 "삼성이 망해야 나라가 산다."고 하는 사람도 있고 삼성 기업이 아닌 삼성 재벌의 지배 구조를 해체해야 한다고 주장한다. 세계적 자본주의 시장에서 한국의 삼성이 미국의 애플이나 일본 쏘니를 제치고 세계적 기업으로 군림하고 있다는 것은 우리 국민의 입장에서 보면 반만년 역사에 최고의 쾌거라 할 만큼 커다란 사건이다. 그러나 분명한 것은 삼성기업에 의한 폐단도 이에 못지않다는 것이다. 무엇보다도 삼성이 국내에서 거대한 진공청소기처럼 인력, 기술력 그리고 금력을 차지함으로써 시장을 왜곡 시키고 부의 편중현상을 심화 시키며 부의 진정한 가치를 왜곡시켜 그릇된 가치관을 정당화 하는 일은 너무 심각하다.

삼성이 옛날 삼성상회, 삼성물산을 통해 지금의 삼성전자까지 삼성 대기업으로 성장하기 까진 삼성의 노력도 있었지만 무엇보다도 공동체인 국민의 절대적 협력과 이해가 있었기 때문이고 앞으로도 그렇게 될 수밖에 없다는 것을 시급히 인식해야 한다. 어떠한 기업도 공동체의 목적을 벗어나서는 존재의미가 없다. 삼성은 지금이라도 그 명성에 맞게 국내 경제 활동과 해외 경제 활동을 구분하고 국내 활동에서는 사회적 봉사 기업으로써 국내 중소기업을 보살피고 국민경제 활동에 이바지해야 한다. 좀 더 어렵다 해도 국민 성원 속에 삼성은 해외경쟁 사업에 전념해서 삼성과 국민이다 같이 공동체로써 기업의 가치관을 정립하여 상생하는 방법을 찾아야 한다.

옛날이나 지금이나 진정한 부의 원천은 토지와 인간의 노동이다. 토지는 환경을 보호하는 차원에서 상품생산을 고려해야 하고, 건전한 양질의 노동을 얻기 위해서는 노동자들의 건강과 그들의 의식주에 대한 기본적인 제공이 필요하다. 의식주의 제공범위에 대해서도 사회적 합의가 있어야 한다. 적어도 빈곤층이 최소한의 문화적 생활을 누리고 국가가 지원해 줄 것이 아니라면 자녀를 대학까지 진학시킬 수 있고, 노후에 부부 둘이서 의식주 걱정 없이 살 수 있는 수입을 마련할 수 있는 모델을 개발해서 지원해 주어야 한다.

돈만 있다면 어느 누가 안 하고 가만히 있겠느냐 하고 반문할 수 있지만 사실 우리는 너무 많은 사람들이 한정된 자원을 가지고 그것을 분배하기 위해서 비합리적인 학연, 지연 그리고 혈연을 무기로 너무도 치열하게 싸운다. 그 결과 한 개인이나 한 조직에 부의 편중이 심화 되고 있다. 이러한 문제를 해결하기 위해서는 가진 자인 기득권층에서 먼저 양보해야 한다는 원칙에는 변함이 없지만 이 경우 내부적으로 많은 갈등과 혼란을 야기할 것이며 기득권이 댓가(代價) 없이 양보하기를 기대할 수 없다.

무엇보다도 문제점을 해결하기 위해서는 다른 사람들도

잘 살아야 자신도 잘 살수 있다는 것을 기득권층은 깨닫고 공생하여야 하며 우리는 이 시점에서 북한과 어떤 형태일지라도 관계 개선을 이루어 기본적 경제규모를 확대하고 기득권 세력의 시선과 기대를 외부로 돌리게 하고 내부에서 기득권의 양보와 협력을 얻어 내도록 해야 한다. 즉, 7,000만이 한반도 내에서 완벽한 자립경제는 아니더라도 기본적 생필품을 조달해 의식주를 해결할 수 있는 규모의 국내 경제체제를 갖추고, 수입과 수출에 있어서 지나친 외부 의존적 경제를 지양하고 내부에 있어서 지나친 경쟁관계를 완화해야 한다. 또한 이러한 관계 개선의 밑거름으로 통일을 서두르고 통일 후 생산하는 것에 대한 분배 효율화 방안에 대해 진지한 합의가 이루어져야 한다. 이렇게 된 후에 적정한 분배 문제를 논의할 수 있는 정당성과 합의를 도출할 수 있는 근거를 마련할 수 있다.

그리고 우리나라의 경우 경제규모나 남한의 지정학적 위치를 볼 때, 특히 대기업에 대한 견제제도가 취약한 경우에는 생산규모나 품목에 있어서 너무 세계 제일주의에 몰두하기보다는 아름답고 깨끗한 국토개발로 관광산업에 치중하고, 국민 대다수가 어렸을 때부터 친절과 영어, 일어, 중국어 등 외국어 구사능력을 갖추면서 세계화를 한다면 저절로 경제력을 갖게 될 것이다.

내로라하는 수많은 석학들이 논쟁을 하면서 자본주의를 신뢰하든 아니하든 자본주의도 언젠가는 쇠락의 길을 걸어갈 것이다. 자본주의가 상업자본가 중심으로 봉건제도의 모순을 극복해 가는 과정에서 탄생하여 그 나름대로 정당성을 확보해 나갔지만, 자본주의나 시장의 메커니즘이 우리의 모든 경제활동을 정당화해 주고 경제문제를 해결해 줄 수도 없기 때문에 역사적으로 그리해 왔던 것처럼 자본주의도 새로운 다른 제도에 그 역할을 물려줄 것이다. 하지만 자본주의가 완전히 사라지지는 않을 것이다 다만 지금처럼 역사의 주인공이 될 수 없다는 것이다. 자본주의가 민주주의나 자유주의의 동의어 이거나 사회주의의 반대어는 아니니다. 일반 사람들이 이를 착각하는 이유는 자본주의가 시장주의 효율성과 자유주의 그리고 민주주의를 교묘하게 엮어서 자본주의를 의식적으로 혹은 무의식적으로 선이라고 하기 때문이다.

그리고 경제문제를 경제제도로만 풀 수 있는 것은 아니다. 오히려 우리나라와 같은 경우 경험칙에 의하면 국가도 노력해야겠지만 국가나 사회에 너무 기대를 하지 말고, 각 개인이 젊었을 때부터 근검절약을 익혀서, 그리고 신의성실을 익혀서 자본주의에 현혹되지 않는다면 자본주의는 스스로 자신의 모순점을 완화하고 해결 하려고 노력할 것이며,

근검절약 후에 초심을 잃지 말고 자본주의의 모순을 해결하기 위한 파수꾼이 되어야 한다.

국가부강에 있어서 만고의 진리는 저축이다. 저축 없이는 국가나 개인이 발전할 수가 없다. 소비는 그 다음 문제다. 자본주의사회에서 부의 확대 재 생산을 원한다면 재분배에 관심을 가지면서 소비를 촉진해야한다. 저축 생산 소비는 자본의 3가지 측면이며 순환관계에 있다. 따라서 저축 다음에 소비가 문제가 된다. 여기서 저축은 생산에 투자하기 위하여 준비하는 단순한 자본을 의미하는 것이 아니라, 삶에 있어서 젊었을 때 에너지를 축적하고 자유를 얻기 위한 진정한 자본을 저장하는 수단을 의미한다.

경제를 언급할 때 경제에 관한 법제도를 언급 안 할 수 없다. 특히, 우리나라의 경우 너무나 복잡하고 방대한 법체계에서 경제활동인 전체를 만족시키기 힘들다. 어떤 사람은 개혁을 소위 "전봇대"를 뽑는 것으로 알고 있다. 이것이 일반적인 상식일 것이다. 그러나 수십 년의 개혁성과를 살펴보면 전봇대를 뽑아서 썩 좋아진 것을 볼 수가 없다. 전봇대를 뽑으면 마치 썩은 치아를 뽑는 것처럼 당장은 시원할지 모르지만 근본적 문제의 해결은 안 될 것이다. 왜냐하면 처음에 전봇대가 거기에 존재하는 이유가 있기 때문이다. 역설적일지 모르지만 진정한 개혁을 위해서는 필요한 전봇대를 더 좋은 것으로 많이 심는 것이 개혁의 성공확률을 높일 것이다.

예를 들면, 현재 우리의 법체계에서 법은 글자 그대로 골격만 남아 있고 권리의무의 중요 내용은 시행령과 시행규칙에 거의 다 존재한다. 이런 상태에서는 아무리 법 개혁을 해봐야 효과가 없다. 왜냐하면 시행령 등 법의 하위 규정을 만드는 주체는 행정부의 관료들이 하기 때문에 통제가 쉽지 않고 국민의 정당성을 반영하기가 어렵다. 이 경우 차라리 시행령과 시행규칙을 전부 법으로 승격시켜 법에 규정하여 정리하면 법 자체에 대한 정당성, 공개성, 합의성 등이 내재해 있기 때문에 행정부 관료들의 재량과 편리성에 의한 법규의 남용 및 불합리한 규제가 많이 없어질 것이다. 이런 것이 진정한 의미의 경제개혁 일 것이다. 왜냐하면 우리 시대에 항상 화두가 되고 있는 규제완화 혹은 폐지라는 개혁의 의도는 무법의 자유하에 경쟁력을 이미 갖추고 이득을 누리려는 기득권 세력이 있기 때문이며 규제 개혁 하면 우선적으로 기존법이나 제도를 폐지 혹은 삭제를 먼저 생각 하는데 사실은 그 법이나 제도가 보편적 정의감에 맞고 유익하도록 오히려 강화 하는 것이 진정한 규제 개혁이기 때문이다.

명의는 처방에 앞서 기초적인 체력을 보강시키는 처방을 먼저 한다. 1970년대에 많은 재화와 용역을 들여 경제성장의 심볼처럼 개발한 삼일고가도로, 청계천 복개공사, 삼각지로터리, 세운상가, 육교 공사 등이 이제 그 정당성을 잃고 허물어져 가고 있다. 이것은 경제성장이 성장을 위한 단순한 성장으로 절대 선이 될 수 없다는 것을 의미한다.

경제성장이 정당성을 얻는 것은 경제 성장을 함으로서 고용이 증가하고 분배가 공평할 것이라는 기대감이 있기 때문일 것이다. 그러나 성장의 과실은 몇몇 소수대기업이나 외국기업에 집중되고 자동화 기계화로 고용은 증가 하지 않고 고용을 해도 임시직이나 비정규직등 불량한 고용을 함으로써 경제성장의 기대감은 점점 상실 되어 가고 있다면 이제 우리는 외형적이고 하드웨어적인 성장보다는 문화사업 중심으로 환경성장, 근검저축, 외국어능력 증가, 과학기술산업, 의료산업, 관광산업 등 내향적이고 소프트웨어적인 산업으로 성장모드를 바꾸어 수치적 형식적인 성장 보다는 실질적이고 인간적인 고용성장을 해야 한다. 그리고 경제성장은 항상 인간의 건강한 삶보다 우선시될 수 없으며 생산도 중요 하지만 분배의 합리성과 정당성에 많은 배려와 관심을 두어야 한다.

대기업과 중소기업의 소득격차를 줄이고 정규징과 비정규직의 임금격차도 줄일 수 있도록 국가는 과세정책과 분배정책에 혼신의 노력을 해야 할 것이다.

— ❼ —

교육 이야기

우리나라 사람들은 교육을 이야기할 때 누구나 한마디 할 수 있는 것이 교육의 문제점이다. 그만큼 교육에 대한 관심과 문제가 많다는 것을 의미 한다. 그러나 그 해결책을 올바르게 제시하는 사람은 드물다. 해결책을 말하기에 앞서 우리의 주어진 교육현실을 파악하고 추구해야 할 교육의 목표와 비교하면서 문제점과 해결책을 탐색해보자.

우선 교육의 목적은 인간의 생존에 필요한 기술과 지식을 가르쳐 주며 인격을 길러주는 일이라고 할 수 있다. 교육의 목적은 동서양 간에 별 차이가 없다. Kant는 교육은 자연과 도덕을 연결해 주는 다리라고 했다.

교육은 기술과 지식의 형태에 있어서 국가의 문화와 현실 사회적 수요에 따라 질과 양을 가르치면 되는 것이기 때문에 동서양의 차이가 있다 해도 별문제가 안된다.

또한 교육목표인 인격형성의 경우도 동양이 충, 효, 인을 강조하거나 서양이 평등, 자유를 강조한다고 해도 나름대로 교육목표의 상위개념인 인간의 완성이라는 이념에 따라 좋은 목표라고 설정한 것이고 그 목표를 추구하는 방법의 차이이므로 별 문제가 안 된다. 나름대로 사회적 이념과 문화에 따라 자신과 타인에게 도움이 되는 인격 형성을 위한 것이라면 말이다.

문제는 인격교육이 우리나라의 경우 있느냐 하는 것이다. 단연코 인격교육은 없다. 중학교와 고등학교 학생이 하루 24시간을 어떻게 쓰고 있는지를 봐라. 그러면 인격교육을 할 수 없는 이유를 알 것이다. 예를 들면 K 고등학교 3학년인 C 군은 하루 24시간 중 수면시간 5시간, 식사 및 생리현상 해소에 3시간, 등교 준비 및 등교에 1시간, 국어, 수학, 영어, 과학 등에 6시간, 과외를 위한 통학에 1시간, 과외 4시간 집에서 복습 · 예습 4시간을 보낸다. C 군의 경우 이렇게 거의 6년을 다람쥐 쳇바퀴 돌듯 돌아야 어느 정도 자기가 원하는 대학에 들어갈 수 있다. 요즘은 선행학습이라 하여 유치원, 초등학교에서도 지나친 과외에 열중한다. 왜 이렇게 될 수밖에 없나. 그것은 우리나라의 교육이 과도한 입시 위주의 교육이기 때문이다. 또한 과도한 입시 위주의 교육이 될 수밖에 없는 이유는 좋은 대학의 입학이 평생의 운명을 좌우하는 평생 자격증이 되기 때문이다. 대학 졸업 후에는 능력평가가 주기적으로 공정하게 이루어지는 시스템이 없기 때문이다. 직장에서 평가한다지만 그것은 어디까지나 업무 위주의 평가요, 또한 학연, 혈연, 지연 등이 강하게 작용하는 아주 집요하면서도 비합리적인 시스템이다. 그러면서도 시정이 안 되는 이유는 정말로 어렵게 얻은 기득권인데 쉽게 포기하지 않고 어떠한 수단과 방법을 가리지 않고 지키려는 본능적 방어에서 비롯된 것이 아닐까? 내가 어떻게 공부해서 여기까지 왔는데! 나름대로 정당성을 가진다.

여기서 우리의 교육목표는 무엇인가, 무엇을 교육할 것인가, 어떻게 교육시킬 것인가에 대한 교육의 현실을 살펴보면 어떤 문제점이 있는가를 알 수 있다.

교육의 목표는 형식적으로는 지(知), 덕(德), 체(体)의 인격교육을 내세우나 실질적으로는 대학 입학이다. 이를 위해 지식과 기술을 암기 위주로 교육시킨다. 창의성과 인격교육은 없다. 또한 객관적으로 학생과 학교의 서열을 정하는 방법을 사용한다. 이러한 우리나라의 교육 현실을 극명하게 정리하면 목적은 평생 자격증을 얻기 위한 일류 대학 입학이고, 그 방법은 객관적으로 학생과 학교의 서열을 정하는 것이다. 객관적으로 서열을 정하는 가장 손쉬운 방법은 객관식 문제 위주의 4지선다형 교육이다.

이 결과 사람들이 전형적인 스테레오타입이 되고 관용보다는 경쟁심과 꼭 이겨야만 직성이 풀리는 성격이 돼버렸다. 과잉 지식에 짓눌려 창의성과 다양성을 잃어버리고 지혜가 아닌 지식 하나로 모든 가치를 정하려 한다.

우리나라의 교육현실이 이 지경까지 오게 된 것은 나름대로 역사적 맥락 속에서 이해할 수 있다. 멀리 거슬러 올라갈 필요도 없이 일제 강점기부터 살펴보면 신분제도와 왕권제도가 서서히 무너지고 사회생활의 본질인 계급화를 정하기 위한 방법으로 누구나 동의할 수 있는 교육에 의한 계급화를 정하는 방법을 고안해 낸 것이다.

신분제도가 없어진 상황에서 신분의 귀천에 관계없이 출세할 수 있는 방법은 머리가 좋아서, 공부만 잘해서, 좋은 대학에만 들어가면 되는 것이다. 이런 상황에서 누가 공부를 하지 않겠는가? 죽기 살기로 공부하지 않겠는가? 온 나라가 교육열에 야단법석이고 공부하는 학생뿐만 아니라 그 가문과 문중의 명운을 걸고 죽기 살기 식으로 공부하고 공부시키는 것에 매달렸다. 이것은 그야말로 소리 없는 전쟁이고 목숨을 건 생존경쟁이다.

그래도 그나마 다행인 것은 그 당시에는 국민 대다수가 못 살고 생활수준이 비슷했기 때문에 학생의 능력에 따라 좋은 대학에 들어가는 것에 아무도 이의를 달지 않고 그 나름대로 기회의 공정성에 동의를 할 수가 있었다. 그러나 사단이 벌어지기 시작한 것은 1970년대 초 이후 급격한 산업화로 부자와 가난한 계층으로 갈리고부터다.

가진 자는 소수고 못 가진 자는 다수다. 이것이 사회 법칙이다. 그리고 가진 자는 가진 것을 기회로 교육에 있어서 우위를 차지하려고 필사의 노력을 다한다. 따라서 고액 비밀과외가 이때부터 생기기 시작했고 지금의 사교육 문제의 시초가 된 것이다. 가진 자는 사교육을 통해서 계속적인 기득권을 재생산할 수 있다. 이제 머리가 뛰어나도 웬만큼 뛰어나지 않으면 아니 아무리 뛰어나다 해도 배우지 않은 문제를 어떻게 풀겠는가? 도저히 신분 상승의 기회가 없다. 절망적이다. 머리의 문제가 아니라 정보의 접근력과 장기적 교육의 투자력이 더 중요하게 된 것이다. 이면에는 금력이 좌우한다는 것은 너무나 자명한 것이다. 이쯤 되다 보니 못 가진 대다수 사람들이 교육의 공정성에 대해 동의할 수 없다고, 승복할 수 없다고 난리를 친다. 이렇듯 우리나라 교육 문제의 핵심은 기회균등이라는 측면에서 공정성이 무너졌다는 것이다.

혹자는 이런 가진 자와 못 가진 자에 의한 공정성의 결핍을 계급투쟁론으로까지 몰고 가나, 이는 우리 인류가 아직까지 해결 못한 숙제이기 때문에 계급투쟁론은 우리나라를 절단 내지 않고는 혁명 없이 성공할 수 없고 혁명에 성공한다 해도 본질적인 계급투쟁을 해소할 수 없다.

공정성을 확보하지 못하는 또 다른 교육제도는 일류 대학에서 발행하는 평생 자격증이다. 소위 일류 대학에서 발행하는 졸업장은 기득권과 함께 평생을 일류로 보장하는 자격증과 같다. 사회가 일류대 출신자들을 일류인으로 평생 보장해 준다는 것이다. 일류가 있다는 것은 이류, 삼류의 사람도 있다는 것이다 이류, 삼류의 사람은 평생 이류고 삼류이다. 그런데 일류대 신화는 그야말로 신화로서 허상이고 편견임에도 불구하고 우리는 그것을 그대로 인정한다는데 더 심각한 문제점이 있다.

더욱 이상한 것은 일류대 나온 사람이 사회에서 일류의 업적을 남긴다는 일반적 믿음 체계와 대학 입학이나 사회 활동의 평가에 대한 공정성 결여에도 불구하고 신화를 정말 신화로 믿는 것이다 신화란 더 이상 과학적 근거가 없다는 말이다. 일류대 나온 사람이 교과서를 암기하고 이를 재생산하는 데 있어서 탁월하다는 것은 인정한다. 물론 이들이 창의력이 모두 없다는 말이 아니다. 그리고 다른 분야에서도 탁월할 수 있다. 그러나 암기하는 지식능력이 탁월하다 해서 창의성이나 지혜나 인격이나 건강이나 운동이나 예술 등 모든 면에서 문제 해결능력이 탁월하다는 보장은 없다. 특히 일류대 안 나온 사람이 탁월한 지식과 창의성 인격을 갖추지 못했다고 할 수 없다. 인간의 실제 활동은 항상 새롭게 변화하는 환경에서 새로운 문제에 직면하게 되며 새로운 문제의 해결은 지식만으로는 한계가 있으며 한 개인의 지식보다는 사회적 합의에 의해서 공동의 힘으로 해결 되는 경우가 더 많기 때문이다. 생(生)에 한 사람이 암기할 수 있는 지식의 양은 참으로 보잘것없고 그러한 지식은 소위 AI 컴퓨터에서 얼마든지 원하는 시간에 원하는 장소에서 신뢰할 수 있는 정확한 지식을 얻을 수 있다. 그리고 한 사람이 암기한 지식은 일정 기간마다 최신정보로 update 해 주어야 생명력이 있다.

세상 어느 나라도 우리나라만큼 기득권을 존중하고 보호해 주는 나라는 없는 것 같다. 미국만 하더라도 거의 모든 면허증에 허가기간이 있다. 그리고 그 기간마다 갱신을 하고 있다. 예를 들면, 미용사 면허증에도 갱신기간이 있다. 그러면 미국 일류대의 졸업장은 어떠한가? 그들은 일단 일류대의 존재와 졸업한 자의 능력을 인정해 준다. 그러나 그 사람이 계속 인정을 받기 위해서는 졸업 후 수시로 직접 및 간접적으로 능력인정을 다시 받을 수 있도록 사회적 시스템과 믿음체계가 되어 있다. 물론 미국은 대학입시에서도 어느 나라보다 기회균등에 의한 공정성을 확보하고 있다. 미국의 교육제도가 모두 옳다는 것이 아니라 지식검증 및 인격검증을 통해서 공정성을 확보하려는 사회적 합의가 끊임

없이 신뢰를 확보하면서 이루어지고 있다는 의미다. 그리고 프랑스의 교육제도인 바칼로레아(Baccalaureat)라는 제도가 있다.

바칼로레아는 우리의 수능시험과 같은 프랑스의 대학 입학 자격시험이다 바칼로레아에서 50% 이상의 점수만 받으면 일반적으로 국공립 입학 자격이 주어지며 절대 평가라 한다. 시험 과목을 보면 더욱 경이로운데 시험은 공통과목으로 불어, 외국어 역사와 지리, 수학 그리고 철학이란다. 특히 철학의 경우 주관식으로 4시간에 걸쳐 3개의 주제 중 1개를 선택하여 논문 형식으로 본다고 한다. 그리고 시험 후 온 국민들이 철학 시험 주제를 두고 치열한 토론을 하고 언론도 중요한 뉴스로 철학 문제를 다룬다는 것이다. 프랑스인들은 철학적 소양이 바람직한 사람과 좋은 삶을 보장하는 방법이라고 굳게 믿는 것 같다. 우리는 감히 상상도 할 수 없는 교육제도가 아닌가!

결론적으로 말해서 난마처럼 얽혀 있고 말도 많고 탈도 많은 우리의 교육정책에 있어서의 본질적이고 진정한 문제는 일류 대학에 입학할 때나 졸업한 후나 형식적이 아닌 실질적 공정성의 결여다. 입학할 때나 졸업 후 사회적 역할을 부여할 때도 기회균등 차원에서 이런 공정한 기회를 주어야 한다. 그리고 그 공정성에 국민의 신뢰와 승복이 있어야 한다. 그러면 여러 가지 문제점이 설상 있더라도 공정성을 문제로 삼지 않는다면 별문제는 없을 것이다.

다른 분야도 그렇지만 특히 교육에 있어서 공정성 확보는 마술적 주문과 같은 것이다. 이것을 잊으면 아무것도 이루어지지 않는다. 어떤 교육정책이 이 공정성을 어떻게 포장해서 내놓는가에 대해 날카로운 감시가 필요하다. 그리고 공정성 결여가 이해집단에서 어느 집단이 이익을 얻는 것인지 눈을 부릅뜨고 지켜봐야 한다. 그리고 공정성이 결여되었을 때 즉각적인 항의를 해야 한다. 이제 우리나라 교육정책의 본질적인 문제는 기회의 공정성과 검증의 공정성, 즉 실질적 공정성의 결여라는 핵심적인 문제점을 도출했다.

일반적으로 누구나 공감할 수 있는 문제점이 도출되면 해결책은 자동적으로 나오기 마련이다. 그러나 교육문제만은 현상만을 볼 때 너무나 이해관계가 첨예하게 대립되어 있고 이해당사자들이 나뉘어서 일대 격전을 벌이는 장이기 때문에 쉽사리 올바른 정책을 쓰기가 어렵다. 다시 교육논쟁이 붙으면 공정성 결여를 교묘히 포장해서 고교 평준화, 자립고, 내신성적 반영, 대학평준화, 대안학교, 평생교육, 교사평가, 교육의 시장적용, 대학개혁, 교육방송 설치 등 수많은 정책이 현란하게 난무하면서 본질을 감추고 어느 한 집단이나 개인의 이익만을 확보하고 시간만 지연시키는 정책을 쓸 것이다.

우리 정부가 교육정책을 성공적으로 수행하여 공정성을 확보해서 그야말로 국가적 백년대계를 확고히 하려는 의지가 있다면 무엇보다 먼저 첨예하게 대립하고 있는 이해집단이 합의할 수 있는 정책을 실시하되, 이러한 정책이 시간이 흐른 후 공정성을 확보하기 위해서는 교묘하게 포장해서 이해집단들을 설득해야 한다.

이해집단 모두에게 이익을 주고 적어도 손해를 안 주면서도 나중에 공정성을 확보할 수 있는 정책을 몇 가지 소개해 보자.

우선, 대학입시 과목을 전공분야에 따라 확 줄이는 방법은 합의가 가능하다. 즉, 전공에 따라 분류하고 그에 필요한 입시과목을 4~5개로 한정하고, 수시로 대학에 들어갈 수 있도록 4~5개 과목 중에서도 올해 2과목 합격하면 내년에는 2과목을 면제해 주고 나머지 2과목만 하도록 해서 학생들에게 다양한 선택기회와 시간을 돌려주어야 한다. 다양성과 시간을 학생들에게 돌려줄 때 인격교육도 가능하고 획일성도 회피하고 오히려 전공분야에 대해 깊이 있게 공부하고 경쟁력도 강화될 수 있다.

또한 학생들의 수업연한을 줄이는 것이 좋다. 우리나라 학생들의 수업기간이 장기에 너무 집중되어 있고, 군복무로 인한 휴학, 대학원 진학 등을 고려하면, 너무 길어 상아탑에서 보내는 기간이 인생 전체에서 너무 길다. 적어도 2년 이상은 수업연한을 줄일 수 있다. 지금의 수업연한은 초등학교 6년, 중·고등학교 6년, 합해서 12년인데 초등학교에서 1년 이상 줄이고, 중·고등학교에서 1년 이상 줄인다 해도 아무런 문제가 없을 것이다. 오히려 청소년기에 다양한 삶을 모색하고 시행착오를 겪으면서 삶의 의미를 탐색할 수 있는 기회를 줄 수 있다

특히, 우리나라의 경우 군대의무복무 약 2년을 봉사해야 하는데 이렇게 될 경우 사회진출이 너무 늦고 인생에 있어서 황금기를 너무 학습에만 치우치게 하는 것은 불합리하다. 군대에서도 학점을 따도록 할 수 있다. 대학도 조기졸업 제도를 도입할 필요가 있다. 또한 요즈음 사교육비를 줄여야 한다고 야단인데 2, 3년 정도 수업연한을 단축하면 상당한 절약이 될 것이다. 그리고 무엇보다도 학생들에게 선택의 기회를 주고 자립할 수 있는 시간을 많이 줄 수 있다.

결론적으로 말하면, 과목 축소와 수업연한 축소는 학생들에게 선택의 기회와 자립심을 줄 수 있고 사교육비를 줄일 수 있기 때문에 일거양득의 효과를 얻을 수 있으며 누구든 손해를 보는 것이 아니다.

교육의 질이 떨어질 수 있다고 생각할 수 있으나 오히려

시험기계를 양산해서 처음에 천재들을 나중에 둔재로 만드는 것보다 낫다. 그리고 좋은 교육이 되려면 대학교육도 개선되어야 하는데 이는 제도와 면학 분위기의 개선을 이루어야 한다. 우리나라는 종합대학을 선호하면서 백화점식으로 학과를 설치하고 일류대가 우수 인재를 싹쓸이한다. 일류대는 학생 수준에 따라 결정되고 더 이상의 발전이 없고 현실에 안주할 확률이 많은데 이를 개선하기 위해서는 대학의 학과 설치를 허가할 때 대학 별로 특화 시키면 인재들을 분산시킬 수 있다. 또한 면학 분위기는 먼저 교수들이 공부하지 않고는 그 자리를 유지할 수 없도록 인센티브와 규제를 마련해야 한다.

교육을 둘러싼 참여자들을 생각해 보면 우선 학생과 학부모, 학교, 정부가 참여하고 있는데, 과목 수를 줄이고 수업 연한을 줄인다고 해서 현 체제에서 누가 손해를 보겠는가? 오히려 모두에게 부담을 덜어주는 정책일 것이다. 그리고 평생교육제도를 도입하여 단기간의 집중적인 교육경쟁을 완화하고 평생을 통해서 부족한 교육과 능력을 배양할 수 있는 길을 마련해 줘야 한다.

지금까지의 교육정책이 실패한 이유는 한 판에 모든 문제점을 끝내려는, 그리고 모든 목적을 달성하려는 이상한 마법 같은 정책을 들고나왔기 때문이며, 다양한 참여자들의 다양한 이해관계를 조절할 수 있는 대안이 없었기 때문이다. 즉, 이해당사자의 일부만의 이익을 옹호했기 때문이다.

끝으로 좋은 교육이 되기 위해서는 학벌에 대한 편견과 신화를 믿지 말고 부단한 검증태도를 가져야 하며 공정성과 인격 교육을 확보해야 하는데 예를 들면 하나의 방안으로서 가난한 지역의 가난한 사람들이 돈이 없어 일정 수준의 대학에 입학할 수 없는 상황을 만들지 말고 적어도 기회균등의 기회는 주어야 한다.

공정성 못지않게 중요한 교육의 본질은 인격교육이다. 교육에 있어서 인격교육은 왜 필요한가?

그것은 인간답게 사는 것을 가르칠 수 있는 방법이기 때문이다. 그럼, 인간답게 산다는 것은 무엇일까? 치열한 경쟁을 통해서 이기고 출세하고 부귀영화를 누리는 것은 누구나 갖고 싶어 하는 가치임이 틀림없다. 그러나 그러한 것들은 너무나 대가를 많이 지불해야 하기 때문에, 삶의 전 과정을 고려하면서 그것을 추구하는 과정에서 마디마다 점검을 하고 손익계산을 겸허하게 따져 봐야 한다. 삶의 가장 기본원리인 다양성의 원리에 의해 모든 사람이 학력만으로 모든 것을 다 가질 수는 없기 때문이다.

예를 들면, 해방 이후 60여 년 동안 여러 세대를 거치면서

무(無)에서 시작해서 선진국의 잘 사는 것과 문화와 힘을 부러워하면서도 어느 정도 누려 보았으나 우리가 부러워했던 선진국의 지금 상황을 보면 종국의 목표는 아니었던 것 같다. 그리고 국내에서도 치열한 경쟁을 뚫고 부귀영화를 누렸다는 사람들의 생의 전 과정을 통해서 마감이 어떠했는지도 많이 보아왔다. 결국 삶의 만족스런 해답은 주지 못 했다는 것을 스스로 잘 안다.

노력을 하자. 최선을 다하자. 그러나 무리한 속력은 내지 말자. 겸손하고 절약하며 삶을 준비해 간다면 다양성의 원리와 영원성의 원리가 우리를 구해 줄 것이다. 어쨌든 인격적인 교육을 통해서 풍부한 지식과 경험을 전달한다면 치열한 경쟁을 완화시키면서도 우리가 원하는 가치를 얻을 수 있을 것이다.

— ❽ —

직장 이야기

우리가 살아가면서 생계를 유지하기 위하여 일정한 기간 동안 계속해서 어떤 곳에 고용돼서 사회적 역할을 분담하고 자신의 생활에 필요한 자원을 조달할 수 있는 장(場)이 직장이고 바로 회사이라 할 수 있다. 직장이란 개념은 산업화 이후에 서구에서 도입된 개념으로 우리에게 매우 생소한 용어이다.

현대화된 자본주의 사회에서 생산수단이 없는 대부분의 경제 인구는 어떤 조직에 고용돼서 살아갈 수밖에 없다. 이러한 조직이 곧 직장인데 직장에서는 먼저 하루에 8시간 이상 노동을 제공하고, 상하관계의 구조 하에서 명령과 지시 속에 일사분란하게 움직여야 하며, 상당한 긴장과 경쟁 속에서 몰인정한 인간관계를 맺게 된다. 누구든지 이러한 직장환경을 좋아하지 않는다. 그럼에도 그럴 수밖에 없는 사정을 살펴보면, 누군가 사회 전체의 필요한 자원을 이미 독과점하고 배분하고 있으며, 직장 외에 생계를 유지할 뾰족한 대안이 없기 때문이다.

자본주의 시대에 나쁜 사마리아인들이 정의를 헤집고 포효하면서 다닐 때 우리는 돈 냄새를 쫓아서 하이에나처럼 정처 없이 헤매고 있다. 무리지어 헤매지도 못하는 십장생, 이태백, 삼팔구, 사오정 등 백수들은 어디를 헤매고 있을까? 조금 덜 먹더라도 조금 더 솔직하고 진실을 두 번 죽이는 일이 없도록 정말 반성하면서 살아갈 수는 없을까?

국가나 공기업에서 일하는 사람들이 일을 잘하고 많이 하라는 것은 윗사람의 뜻에 맞게 충성을 하라는 것이지 국가나 국민을 위해서 하라는 것은 아니다. 일을 많이 하고 잘하면 적도 많이 생기고 구설수와 처벌을 받고, 복지부동하면 무난한 대접을 받는 것이 오늘날 우리 대부분의 현실이다. 사기업도 위와 별다르지 않으며 사기업은 이윤 추구에 지나치게 몰두하고 있다. 그렇다고 빈대 잡자고 초가삼간 태우는 짓을 할 수는 없지 않은가.

어느 시대를 불문하고 지금까지 변하지 않는 철칙이 있다. 그것은 지배자와 피지배자의 관계다. 이것은 다른 말로 하면 가진 자와 못 가진 자의 구분이다. 노예 시대에서 봉건 시대로, 또 자본주의 시대로, 사회관계의 형태는 변할 수 있으나 본질에 있어서는 동일하다. 오늘날 자본주의 시대에는 이것을 가진 자와 못 가진 자로 구분한다. 못 가진 자는 예외적으로 직장 없이 가난하게 사는 사람도 있으나 대부분

직장의 피고용자로서 역할을 한다. 전 한글학회 회장 한갑수 씨로 기억되는데 로마기행 중에 일찍이 샐러리맨은 현대판 노예라고 일갈했다.

아니 삼성이나 현대 등 초일류기업에 다니는 사람들이 노예란 말인가 하고 의아하게 생각할 것이다. 노예의 가장 큰 특징은 생산수단을 갖지 못하고 자유가 없다는 것이다. 자유가 없다는 것은 자신의 의지대로 자신의 시간을 조정할 수 없다는 것이다. 초일류기업의 샐러리맨 대부분의 하루 일과를 보면, 아침 5시에 일어나 7시까지 직장에 출근하며 밤 10시에 퇴근하기가 십상이다. 집에 오면 거의 밤 12시다. 물론 다 이렇게 많은 시간을 장기간 일하는 것은 아니라 해도 그렇게 할 개연성은 매우 높다. 왜냐하면 밤샘하는 야근 및 휴일근무가 허다하기 때문이다. 이런 상황에서 어떻게 자유 시간을 갖고 사색하며 인간으로서 자기 자신을 성찰할 시간을 가질 수 있겠는가?

일본 막부시절에는 서로 전쟁을 치를 때 각 진영의 심판관이 산에 올라가 자기편 군사가 얼마나 열심히 싸우나 기록을 해서 그 전과에 따라 녹을 배분해 주었다고 한다. 녹을 많이 받기 위해서는 당연히 열심히 싸울 수밖에 없었을 것이다. 그런데 해가 지면 심판관이 기록을 할 수 없기 때문에 병사들은 열심히 싸울 필요가 없고 자연히 해가 지면 싸움도 멈추었다고 한다. 물론 약간 싸움도 있었을 것이다. 어쨌든 자연스럽게 병사의 노동시간은 일몰로 끝났다. 또한 우리 이조시대에는 노비가 임신을 하면 남자 노비에게 수개월의 휴가를 주었다는 기록도 있다.

이렇게 보면 오히려 옛날 노예나 노동자들이 현대 샐러리맨보다 더 낭만적이고 인간적일 수도 있다고 생각할 수도 있다. 또한 옛날 토지 배분에 있어서 균등전이라는 것이 있었는데, 일정한 토지를 배분해 주고 일정한 세금만 내고 나머지는 농사꾼 몫으로 돌아가는 제도로 노동자에게 생산수단을 주는 참으로 잘만 운영되면 이상적인 제도라 할 수 있다.

다시 돌아가서 우리 한국의 직장생활을 보면, 항간에서 "신이 주신 직장", "신이 감춰 논 직장", "신이 부러워하는 직장"이라는 우스갯소리가 떠돌 정도로 구직난을 겪고 있다. 현재 직장을 가진 사람들은 상대적인 자부심과 긍지를 가지고 일할 수 있다. 그러나 이것은 역설적으로 매우 많은 노예 예비군들이 노예가 되고 싶어도 못 되고 있는 실정을 보여주는 것이 아닐까 해서 매우 걱정스럽다. 솔직히 말해서 돈 한 푼 없으면 어디 가서 어떻게 살아갈 수 있겠는가? 어디 가서 밥을 얻어먹을 수 있겠는가? 서울 같은 경우 돈 없으면 그야말로 물 없는 거대한 사막이요, 정글이다.

이제 이쯤해서 노예든 샐러리맨이든 그래 그래서 어쨌단 말이야 달리 생계를 유지할 뾰족한 방법이 없지 않은가? 그렇다. 옛날이나 지금이나 생계를 유지해 주는 직장이나 이를 대체 하는 곳을 떠나서 인간은 생존하기가 어렵다. 그리고 직장이 바람직한 사회 공동체로써 평생직장이 되면서 삶의 보람을 준다면 좋겠지만 우리 시대의 직장의 기능을 보면 공동체 우선을 위하여 일하기보다는 먼저 이윤추구의 기능이고 너무 계급적이며 실적 위주의 조직이다. 또한 순환도 너무 빠를 뿐 아니라 자유도 없다. 그러면서도 인간의 역사를 살펴보면 개인의 자유를 확대하는 방향으로 걸어온 것도 사실이다. 이러한 추세는 인류에서 매우 바람직하고 징조가 좋은 것이다. 우리는 직장은 필수적이지만 결국은 자유를 직장보다 더 소중히 여기고 인간답게 사는 법을 배워가야 한다. 그럼 자유를 직장보다 더 높은 가치로 여기는 삶은 어떻게 가능한가?

우리는 학교를 필수적으로 다닌다. 그러나 학교 다니는 기간이 길면 안 된다. 무작정 학교만 다닐 순 없다. 직장도 마찬가지다. 대부분의 사람들이 산업사회에서 직장을 안 다닐 수는 없다. 다만, 직장을 다니되 아주 열심히 다니고 조기퇴직을 하는 것이다. 우등생이 월반해서 조기 졸업하듯 직장도 우수한 직장인이 되어서 조기 퇴직하는 것이다. 즉,

20대에 직장생활을 시작해서 늦어도 50대에 퇴직하는 것이다. 적어도 30년 동안 열심히 일하고 저축하면 평생 먹고 살만한 여유자원을 축적할 수 있다. 이 경우 국가나 사회에서 사회안전망 설치 차원에서 보조를 해준다면 더욱 바람직하다. 특히, 우리는 자본주의를 신봉하는 시대에 살고 있지만 재화와 용역의 생산과 배분에 있어서 너무 자유방임적 시장기능에 맡기지 말고 의식주에 필수적인 것은 공공재로서 국가가 통제하는 제도도 가져야 한다.

조기퇴직 후 자기가 원하는 자유로운 일을 택하고, 보다 많은 자유 시간을 갖고, 자신을 성찰하고, 사회에 봉사하는 시간을 가져야 한다. 다시 말하면 조기 퇴직 후에 다른 사회 조직 즉 종교조직, 봉사조직, 사회활동조직 등 이윤추구와 관련 없는 조직에 보람을 가지고 활동하면서 자신의 발전도 도모하는 활동을 해야 한다. 이것이 바로 생계유지수단으로써 직장이 아니라 사회 공동체를 복원하는 제2의 직장인 것이다. 제2의 직장의 성공조건은 무엇보다도 국가와 사회가 관심을 가지고 법제화하면서 최소한의 사회적 비용으로 지원해 주어야 한다. 사회적으로 봐도 직장생활의 세대 간 순환을 빠르게 하고 훨씬 많은 사람에게, 즉 노예예비군에게 골고루 직장생활을 할 수 있는 기회를 줄 수 있다. 그리고 조기 퇴직의 에너지와 자원을 나이와 상관없이 사회에 환원

시키는 원동력이 될 것이다

조기퇴직제도는 철저한 대비와 자유에 대한 환희를 갖고 실천한다면 정말 좋은 정치인, 좋은 사회봉사자들이 조기퇴직자 중에서 나올 것이다. 이렇게 함으로써 경제적 출세만이 인생의 전부가 아니라는 것을 자연스럽게 체득할 수 있을 것이다.

사람의 생은 생로병사를 거치는 것은 너무나 당연 한데 우리 시대는 젊음을 너무 추구하여 늙음을 죄악시한다. 그런데 제2의 직장 생활을 잘만 수행한다면 늙음이 부럽고 존경받는 사회가 되지 않을까?

— ❾ —

종교 이야기

종교란 절대자의 존재를 믿고 그에 의지하여 인간의 한계를 극복하려는 문화적 체계가 아닌가 생각한다. 종교에 관해서 사람들은 이성을 중시하고 종교의 종말을 주장한다. 특히 계몽의 시대부터 그러해왔다. 그럼에도 불구하고 오늘날까지 종교는 건재하며 한보고서에 의하면 세계 인구 70억 명 중 약84%에 해당하는 58억 명이 종교생활을 하고 있다 한다. 앞으로도 종교는 인간의 역사와 함께 지속될 것이다.

이렇게 종교가 인류와 함께 지속되는 데는 몇 가지 이유가 있다, 먼저 인간 능력의 한계에서 종교 지속의 원인을 찾을 수 있다.

인간은 미래를 완벽하게 예측할 수 없다. 한 예로 죽음 이후의 변화에 대해 알 수가 없는 것이다. 알 수 없기 때문에 인간은 불안에 휩싸이고 두려워한다. 또한 현실에 있어서도 인간은 어떻게 해서든지 인간의 주변 환경을 이해하고 불안과 두려움으로부터 생을 보존하려고 필사적인 노력을 한다. 이러한 노력의 산물로 종교가 탄생하게 되는 것이다. 물론 종교의 탄생의 원인 중 죽음의 극복 이외에도 복을 기원하고 화를 멀리하려는 본성, 사회 공동체의 필요성 등 여러 요인이 있을 수 있으나 죽음을 극복하려는 요인이 가장 중요한 것 같다.

종교의 역할 중 중요한 것은 종교가 인간을 심판하고 절대적 진·선·미를 제시한다는 것이다. 인간이 만물의 척도라고 해서 파생하는 수많은 모순과 인간에 의해 자행되는 핍박을 벗어나게 할 수 있는 것이 전지, 전능, 전선이라는 신이라는 절대자에 의해 가능한 것이다.

사람들은 처해진 시간과 장소에서 자기 고유의 경험을 하고 그 경험을 토대로 미래를 예측하고 자기를 형성하면서 외부에 독특한 반응을 한다. 이러한 반응은 또 자기의 경험에 의해 수정 가감되면서 점점 자기 판단에 빠지고 그 이후에는 외부에 대해 자기의 오류가 있다는 것, 남의 생각과 다르다는 것을 애써 외면하거나 인정하려 하지 않는다. 또한 "인간인데", "동물인데", "식물인데" 하면서 외형으로 비슷하면 내면도 비슷할 것이라고 애써 믿으려 한다. 다시 말하면 자기 자신의 자신교의 교주가 되는 것이다. 이렇게 하는 것이 세상을 사는 지혜라고 생각한다. 정치가, 종교가, 예술가, 혁명가의 대부분이 이렇게 살아간다. 왜냐하면 결국 죽을 것인데 자기 자신이 오해를 하고 안 하고, 진리이고 아니라 한들 무슨 의미가 있겠는가? 이것이 인간의 주관성이다.

창조론이냐 진화론이냐 싸우는 것은 무의미하다. 그것은 신의 존재론의 대리전에 불과하다. 왜냐하면 태초의 신이 창조하시고 하나님이 진화론까지 창조했다면 논쟁은 끝나는 것이다. 신의 존재의 의미는 자신의 믿음에 있는 것이다. 그것의 실존은 그 유용성에 유래하며 인간의 선택에 달려 있는 것이다. 그런 의미에서 신은 존재하는 것이다.

종교란 신이나 초자연적인 절대자 또는 힘에 대한 믿음을 통해 인간 생활의 고뇌를 해결하고 삶의 궁극적인 의미를 추구하는 믿음체계로서 그 대상 교리, 의식 절차에 따라 다양한 종교로 분리할 수 있다.

종교를 이야기할 때 무신론을 빼놓을 수 없다. 무신론은 존재론에서 추론된다고 할 수 있다. 신의 존재를 증명할 수 없기 때문에 무신론의 주장도 옳을 수 있다. 그러나 무신론에서 신이 없다는 것도 증명할 수 없다. 여기서 신이 존재하느냐 않느냐 하는 오래된 논쟁을 끝없이 되풀이할 필요는 없고 신의 존재 여부는 우리 인간의 능력으로 증명할 수 있는 성질의 것도 아니다.

종교는 우연과 필연 속에서 자신 또는 주위 환경에 의해 선택하든 말든 하는 것이다. 어떤 것에 의해서 선택하든 간에 거기에 믿음과 믿음의 유용성이 있는 것이다. 나는 존재를 논하기 보다는 종교를 갖게 되는 이유 중 가장 합리적인 답은 인간의 한계로 신의 존재를 증명할 수 없다는 것과 종교가 우리 삶에 주는 영향과 그 유용성에 있다고 본다. 그 유용성이 너무도 간절하고, 그 믿음 또한 너무도 강하기 때문에 존재에 대한 확신과 믿음을 갖게 된다.

불교와 기독교의 가장 큰 차이를 보면, 영생에 있어서 불교는 윤회설로 설명하고 기독교는 부활론으로 모두 영생을 사는 것을 말하지만, 불교는 순환적이고 집합적으로, 기독교는 직선적이고 개인적으로 우주현상을 바라본다. 또한 부처나 예수나 모두 전능하고 절대적인 힘을 가지고 인간과 자연을 지배하며, 인간의 고뇌를 해결하고 삶의 의미를 부여해 줄 수 있다는 점에서 같다. 그리고 나머지는 교리나 의식절차 등 세부적인 면에서 많은 차이가 나지만 이런 것은 사람들이 만들어 낸 것이라 보면 된다. 또 한 가지 공통점을 추구해 가다 보면 부처나 예수 이전의 종교의 신은 같은 뿌리의 신일지도 모른다. 부처니 예수니 나누는 것도 인간이 한 일이라고 판단된다. 즉, 불교와 기독교 이전의 신이 부처인지 혹은 예수인지 혹은 같은 것인지 혹은 많은 신들 중에 하나인지 우리로서는 판단 못하고 다만 믿음으로써 대체한다.

이렇게 종교의 차이를 살펴보면 종교는 지극히 개인적인

일(personal business)이며 원칙적으로 개인과 신과의 관계이다. 어려운 이야기지만 종교가 공공성이 강해지고 종교적인 사업을 인간관계의 척도로 삼아 문제를 해결하려 하다보면 많은 부작용이 발생할 수 있다. 따라서 타 종교에 대해서 전혀 배타성과 갈등을 가질 필요가 없으며, 어떤 종교가 더 우월 하느냐에 대한 우월의식을 가질 필요가 없다. 현세와 내세에 대해서 믿음의 체계가 다르다고 배척하면 이것은 다른 종교에 대하여 크나큰 죄를 범하는 것이며, 우리가 이런 종교의 다양성과 유용성에 대해 이해를 넓힐 때 종교 간 사회 간에 갈등을 해소하고 화목을 증진시킬 것이다.

하나님께서 창조하시고 그 범위에서 완전한 것이 되도록 진화를 허용하여 주심은 만세 평화를 위하여 우리에게 주신 진정한 선물입니다. 신이 없다면 우주는 얼마나 무미건조할까, 그리고 우리는 얼마나 외로울까, 반대로 신이 존재한다면 우주는 그 얼마나 찬란할까, 그리고 우리는 늙어갈수록 얼마나 희망적일까!

종교는 세월이 지남에 따라 인간과의 관계에서 부침을 거듭할 것이다. 왜냐하면 종교는 개인과 신의 관계만이 아니라 공동체와 신과의 관계 또는 개인과 개인의 관계까지 아주 밀접하게 사회성을 요구하기 때문이다. 종교가 여러 관계에 부응하지 못한다면 상당한 변화를 겪을 것이다. 그러나 아무리 많은 변화가 있더라도 신을 상정하는 한 종교 자체가 소멸되지는 않을 것이다.

끝으로 신성(神性)은 곧 이성(理性)이라고 보고 이성을 토대로 종교를 접해야 할 것이다.

— ⑩ —

예술 이야기

예술은 개념화하기 어려운 분야 중 하나이다. 예술은 지성과 도덕, 즉 존재와 당위에서 논리적 보편성과 필연성을 적용하기가 어렵다.

그만큼 예술은 전형적인 학문과는 달리 독자성을 가진 분야이다.

그럼에도 불구하고 감성과 지성을 갖춘 인간이 하는 행위라 인간의 공감을 불러일으킨다.

예술의 궁극적인 목표는 유한성을 가진 인간이 완전성과 다양성을 추구하며 그 과정에서 예술은 즐거움, 경외감, 아름다움을 준다. 예술에 있어서 이는 핵심이며 미에 대한 견해도 다양하다.

우리는 예술을 이야기할 때 인간의 정신적, 육체적 활동을 통해 의식적으로 아름다움을 모방 혹은 창조해서 즐거움, 경외감을 주는 과정이라 할 수 있다.

우리는 무의식중에 언어로 표현할 수 없는 상황을 억지로 정의하여 표현하는 경우가 허다하다. 예술의 정의에서도 마찬가지며, 이 중에서도 핵심적인 것은 아름다움, 즉 미(美)의 애매모호성 일 것이다. 미의 개념과 미의 기준 및 본질은 무엇이냐는 논쟁을 수없이 많이 해왔다.

플라톤과 아리스토텔레스 시대에는 미의 본질을 논할 때 "이데아(idea)"의 존재 여부에 따라, 플라톤은 이데아는 아름다움의 근원이 되기 때문에 이데아를 추구하고 묘사하는 것이 예술이라 했고, 여기서 이데아라는 의미는 모든 물질이 변하고 한정되고 통일성도 없으나 인간의 이성에 의해 상정하는 개념들은 영원하며 시공간을 을 초월하여 존재 한다는 것이다. 예를 들면 3각이 180도인 삼각형은 실제 존재 하지 않지만 개념상으로는 존재할 수 있다. 아리스토텔레스는 이데아의 존재를 부정하고 자연에서 아름다움을 찾았고, 여기서 자연에서 아름다움을 찾았단 의미는 물론 자연이 인간에 보여주는 아름다움을 의미하기도 하지만 그런 단순한 의미가 아닌 인간의 이성에 의한 추상적 개념들은 존재치 않으며 실재 이 순간 우리 감각이 느낄 수 있는 실재하는 자연속에 아름다움을 찾는다는 것이다. 이성과 감성 즉 객관성과 주관성의 치열한 싸움을 엿볼 수 있다. 이에 대하여 동양의 경우 노자는 도덕경에서 미란 추함이 없는 상태를 의미함으로써 미의 상대적 개념을 주장했고 모든 논의를 변화하는 상황 속에서 음양의 상대적 활동의 결과로 규정함으로써 한층 포괄적이고 생동감과 실제적인 규정을 했다. 중세시대에도 이데아를 절대자로 대치해서 이 절대자의 존재를 증명하고 묘사하는 것이 예술의 목적이며 아름다움의 표현이라고 했다. 곧이어 르네상스 시대에는 절대자 대신 인간의 이성을 절대적으로 신봉하면서 자연의 아름다움에서 인간이 창조성을 발휘하는 것이 예술이라고 주장했다. 르네상스 시대 이후 이성과 규칙에 따르는 것이 예술의 아름다움이며 본질이라고 정통적으로 인식되어 왔다.

그러나 칸트 이후부터는 이성과 감성 중 어느 것에 아름다움이 연원하느냐로 많은 논쟁을 거치면서 이성과 감성, 규칙과 무규칙 중 어느 하나에 치우치는 극단적 이론까지 나오게 되었으며, 회화의 경우 사진기술의 발달과 함께 미 세계는 백가쟁명으로 논쟁을 하는 시대에 접어들었다. 앞으로의 논쟁은 과학기술의 발전과 예술의 철학적 패러다임이 바뀜에 따라 개념 논쟁의 방향도 바뀌게 될 것이다.

이러한 백가쟁명의 미에 관한 논의 중 미가 아름답고 필요하다는 것은 누구나 동의한다. 이런 끝도 없는 지적, 유희적 개념적 논쟁보다도 우리에게 주는 의미는 무엇인가를 이해하는 것이 우리가 미를 추구하는 이유를 설명해 줄 것이다.

왜 아름답게 느껴질까? 아름다움을 느끼는 것은 인간의

주관적 판단이다. 즉, 인간에게 만족을 주고 즐거움을 주는 대상이 있다면 그것에서 아름다움을 느낀다. 뒤집어 이야기하면 공포, 적의, 혐오, 불쾌감 등을 주는 대상이 아니라는 전제하에 만족과 즐거움을 준다면 아름답다고 할 수 있다. 물론 사람에 따라 그 정도와 차이는 있을지언정 인간의 범주에서 벗어나지 않는 한 대동소이하다. 물론 미의 표현을 잘 이해하느냐 못 하느냐는 훈련과 능력에 따라 차이가 날 수 있고 또한 사람의 기호 차이에 따라 아름다움의 차이가 있을 수 있다. 그러므로 이 문제는 근본적으로 처해진 환경의 차이 때문에 생기는 것이지 느낌의 다름에서 오는 것은 아니다. 다른 말로 하면 기본적으로 사물의 변화에 기인 하다는 노자의 주장이 옳다.

아름다움이 상대적 미냐 절대적 미냐? 인간에게 만족과 즐거움을 준다고 할 때 이것은 근본적으로 인간으로서 주어진 조건하에서의 학습과 경험으로부터 나올 것이다. 또한 만족과 즐거움의 기본적인 것들은 누구에게나 공감을 얻을 수 있는 객관성을 가진다. 이 객관성은 과학의 객관성과는 달리 주관적 보편성이라고 칸트는 말한다.

예를 들면, 우리는 여자를 볼 때 근본적으로 아름다움을 느낀다. 왜냐하면 여자는 우리 남자의 입장에서 볼 때 끊임없는 사랑과 애정의 대상으로 우리에게 만족과 즐거움을 주어 왔다. 어쩌면 당연시하는 공기, 물, 음식보다 더 한 만족과 즐거움을 주어 왔다. 이러한 여자를 보면서 아름답지 못하다고 느끼는 사람이 있을까?

물론 조화와 균형이 있고 희귀성이 있다면 그 아름다움은 배가 될 것이지만 아무리 조화와 균형, 희귀성이 있다고 해도 그것들이 혐오, 불쾌감, 공포 등을 준다면 그것을 아름답다고 할 수 있는가? 일반적으로 사람의 정신적, 육체적 조건이 유사성이 있는 한 아름다움을 같이 느낄 것이다.

이렇게 아름다움이란 인간의 정신과 육체를 만족시키는 조건에서 오는 것이지 객관적인 대상에서 오는 것이 아니다. 어쩌면 객관적이 대상이란 있을 수 없는 것이 아닐까? 만족과 즐거움을 주는 대상이 인간의 조건이 변하여 인간의 정신과 육체에 만족과 즐거움을 주지 못한다면 아름다움을 느낄 수 없을 것이다. 그러면 아름다움은 인간의 전유물인가? 그렇지 않을 것 같다. 아름다움이 만족과 즐거움의 느낌이라면 원숭이에게 풍부한 바나나를 주변에 제공할 경우 분명히 원숭이는 만족과 즐거움을 표정에 나타낼 것이다. 그리고 바나나에 대한 호감과 만족을 느낄 것이다. 다만, 이런 원숭이의 만족은 인식, 개념화, 표현에 있어서 인간의 그러한 것과 정도의 차이가 있을 수 있지만 우리와 같은 아름다움을 느끼지 않을까 생각한다. 미의 논쟁의 원인은 결국 절대적 상대적 관점, 객관적 주관적 관점의 차이인데 절대적 객관적 입장은 인간의 입장이 아닌 신의 관점이며 상대적 주관적 입장은 인간의 인식 관점이다. 그런데 문제는 신적 관점이나 인적 관점이나 결국은 인간이 양 관점에서 볼 수 밖에 없고 오락가락할 수밖에 없는 인간의 욕망과 모순의 표현이다.

미의 본질이 무엇이냐 하는 것은 사람들의 주관적, 과학적 논쟁에 맡겨놓고, 인간 중심에서 미를 추구하는 원인을 살펴보면 사람은 본래 이기적인 동물이다. 왜냐하면, 자기의 존재를 부정하기가 어렵기 때문이다. 인간은 환경으로부터 자기를 보호하고 유지시키는 것이 본능이다. 인간은 주변 환경을 자기에게 유리하게 변형시키고 만족감을 얻으려 노력한다. 그래서 미가 주변 환경을 변형화하여 창조하고 소유하면서 자기에게 유리하고 만족감을 주게 하는 행위, 미를 하는 본질적 원인은 인간의 본능이라 할 수 있다. 미의 본질과 그것을 추구하는 원인을 규명하는 것보다 예술이 우리 삶에 주는 의미를 파악하는 것이 더 의미가 있을 것 같다.

인간의 지루하고 무미건조한 의미를 잃은 삶에서 미는 매우 중요한 가치를 사람의 삶에 부여하는 탈출구를 제공한다. 미는 만족과 아름다움을 주는 것이기 때문에 속성에서 선이며 다양성의 인정이다. 따라서 어렸을 때부터 미에 접할 수 있는 환경을 조성해 주면 보다 성숙한 인간으로 행동할 수 있고 아름다움을 추구하는 것은 결코 타인과의 경쟁구조가 아니고 오히려 타인에게 행복을 주기 때문에 인간을 순화시키며 전쟁과 경쟁을 완화시켜 줄 것이다. 특히, 우리나라의 경우처럼 물질적 가치에 많이 몰두하는 사람들에게 더욱 예술적 가치가 필요한 것 같다.

예술은 분명 인간의 궁극적 가치를 포함하고, 그것을 구현하려고 끊임없이 노력하는 인간의 숙명적인 활동이다. 다만 궁극적인 가치가 개인과 사회문화에 따라 달라지더라도 인간은 지성과 이성을 가졌기 때문에 보편성을 가진 궁극적 가치를 즉 도덕적 가치를 구현하려고 처절한 노력을 하는 것이 미의 추구이다.

아름다움은 어떤 정형화된 형식에서 얻어지지 않는다. 미에 관해서는 다투지 말라는 격언이 있다. 이는 미가 어떤 상황에서 객관성을 주는 것이 아니고 주관성을 띠며 다만 공감할 수 있다는 것이다.

아름다움 속에 인간이 인간을 만나고 정신이 만나서 인간임을 깨닫게 하고 감성과 지성, 자연과 도덕 즉 존재와 당위를 연결해 주는 값비싼 교량 역할을 한다.

— ⑪ —

언론 이야기

언론이라 함은 개인이든 집단이든 자신의 의견을 자연스럽게 표현하고 자유스럽게 들을 수 있는 권리까지를 포함하는 개념이다.

대다수 국민들이 생업에 종사하다 보면 언론에 무관심해지는 경우가 많다. 이런 면에서 자유스럽게 말할 수 있는 여건보다는 자유스럽게 들을 수 있는 여건을 마련해 주는 것이 언론자유의 핵심이다.

우리나라의 언론 발달사를 살펴보면, 구한말 한성순보를 비롯하여 독립신문, 매일신문, 황성신문 등 처음 출발은 국민들을 계몽하고 정부를 감시, 비판하는 역할을 했지만, 일제 식민시대에서 그러한 역할은 역부족이었다. 독립 이후에 언론이 주체적으로 권리행사를 못한 까닭에 정권에 매우 시달리는 신세가 되었으며, 특히 5 · 16 쿠데타 이후 유신시대에는 언론은 처참할 정도로 정부의 시녀노릇을 했으며 차라리 언론이 없는 만 못했다고 할 수 있다.

유신시대를 거치면서 나름대로 권리행사 노력을 해오면

서 시대의 흐름에 따라 언론은 자유를 어느 정도 얻었으나 그것은 어디까지나 정부로부터의 언론사의 자유지 국민이나 언론인의 자유는 아니다.

미국의 언론 발달을 보면, 영국 식민지 시절에는 우리처럼 계몽과 정부의 감시 기능의 역할을 하면서 영국정부의 많은 탄압을 받았지만, 미국 독립 후 헌법상에 언론의 자유를 천명하고 정부나 언론 관계인들도 언론의 자유를 무엇보다 가치 있는 기본권으로 서로 인정하고 언론인들이 자력으로 언론을 세우고 지켜왔다.

우리나라와 비교하면 최초의 언론 탄생에 있어서 그리고 처음의 역할에 있어서는 양국이 같다. 그러나 언론을 생각하고 정부와 언론인이 서로의 가치를 존중하고 언론인 스스로 언론을 지켜 온 과정은 우리와 매우 다르다.

정치적 측면에서 보면 미국은 의회가 먼저 성립되고 다음에 행정부가 만들어져 의회 우위의 의회 민주주의를 지켜오고 있다. 그러나 우리나라는 실질적으로 정부가 먼저 성립되고 의회가 정부에 의해 구성되어 정부 우위의 국가가 되었다. 언론의 경우도 미국은 언론이 정부보다 먼저 기반을 마련하고 언론인이 주권을 갖고 지켜 온 반면, 우리는 자율성 없이 정부의 전리품으로 언론사와 언론인들이 길들여져 왔다. 이렇게 길들여져 온 대부분의 우리 언론은 언론의 자유의 중요성이 얼마나 가치가 있는지 모르며 언론을 지키려는 의지가 약하다. 다만, 언론을 빙자해서 사익을 획득하는데 공적인 명분을 내세우며 개인의 이익에 몰두하고 있다.

우리 언론의 문제점을 언급하라면 독립성 및 자율성의 결여, 지나친 자사 이익 옹호, 정부로부터의 일방적인 자유 추구, 시민들의 언론에 대한 무지, 언론 경영진의 지나친 간섭, 언론시장의 불공정, 언론인의 전문성 및 철학 부재, 광고주의 간섭, 시민단체의 압력 등 수없이 많은 문제점들이 있다.

그러나 이러한 문제점들은 거의 실타래처럼 얽히고설키고 해서 그 원인과 해결책을 찾다 보면 양비 양시론(兩非兩是論)에 휘말려서 특정 집단의 이익 옹호로 흐르기가 쉽다. 이러한 문제점에 공통으로 관통하는 점을 찾아내고 그 해결책을 제시해야 한다. 철학의 빈곤과 재정의 취약성, 이것이 우리 언론의 핵심적 문제점이며 해결책도 이 둘을 어떻게 확립하느냐 하는 것이다. 그런데 이들은 서로 밀접하게 연관되어 있으며, 그 해결책은 언론을 둘러싸고 있는 이해관계자들의 이해와 타협 및 양보로부터 얻어질 수 있는 것이다.

먼저 언론철학의 부재를 보면, 미국의 경우 일찍이 언론을 4부(府)라 해서 행정 · 입법 · 사법과 동등하게 권력기관으로 간주하고 그 중요성과 가치를 인정했으며, “언론 없는 정부보다, 정부 없는 언론이 낫다”는 신념으로 그들의 희생을 바쳐가면서 또는 자신의 이익과 권력을 억제하면서 언론을 보호하고 지켜 왔다. 여기서 4부라 함은 권력기관으로 착각 하는데 권력기관이 아니라 견제기관을 의미한다. 따라서 언론을 지키려는 사람과 언론을 지배하려는 사람들 모두가 언론의 가치를 인정하고 언론이 죽으면 자신도 죽고 국가가 죽는다는 철학을 가지고 언론을 지켜왔다.

사실, 대부분의 국민들이 인식하고 이야기 하는 것은 모두 다 언론매체를 통해서 형성되고 여론화된다. 이때 거짓 정보와 불순한 의도의 정보가 국민들에게 인식된다면 이것은 수돗물에 독약을 타서 퍼뜨리는 것 보다 더 해악적인 것이다. 이렇게 중요한 언론의 가치를 서로가 지켜주고 키운다는 것은 너무나 당연한 것이다.

내 생각엔 먼저 언론인들이 진실 된 정보와 정확한 정보를 시민들에게 알리고, 시민들은 이러한 정보를 바탕으로 건전한 여론을 형성하고, 정부를 감시, 비판하면서도 이해하는 순환체계를 만들어가야 한다. 이래서 언론이 중요하고 언론인의 책임이 막중 한 것이다.

다음의 핵심 문제점은 언론사들의 재정적 문제점이다. 2022년도 우리나라 신문사들의 정부와 대기업 광고를 받는 광고 수입이 전체 매출에서 65%를 차지할 정도로 매우 높다고 한다.

이렇게 광고 협찬 수입이 언론사를 먹여 살리는 주 수입원이다 보니 정부와 광고주의 눈치를 보지 않을 수 없고 언론의 독립이니 자유는 요원할 것이다.

옛 속담에 곳간에서 인심 난다고 했다. 보통 사람은 어느 정도 의식주가 해결돼야만 이성과 체면을 차리고 행동하게 된다. 언론사들의 재정상황이 이 정도이면서 어떻게 독립성, 자율성을 확보하고 신문시장의 불공정성, 광고주의 요구, 권력의 유혹 등으로부터 벗어날 수 있겠는가? 자본주의가 존재하는 한 광고는 영원할 것이다. 최진실이 죽든 재난이 발생하든 전쟁이 일어나서 사람이 죽어가도 어김없이 광고는 살아 있다.

이런 재정적 문제점을 해결하기 위해서는 언론사를 설립할 때부터 재정의 자립을 확보하기 위한 방안을 마련해야 한다. 시민들의 기금도 좋고 정부의 보조금, 광고수입도 좋다. 그러나 어느 한곳에 의존하는 것은 좋지 않다. 이러한 재정적 수입을 적당한 비율로 조정하고 법적으로 보장해 주면서 시민들의 감시, 언론인들의 자율적 윤리로 이를 지켜나가야 한다.

어쨌든 언론의 중요성, 그 가치의 필요성이 국가의 흥망을 좌우한다는 것을 명심하여 언론에 임하고, 특히 언론 종사자들은 지금의 문제점에 대해 내 탓 네 탓 따지지 말고 그 어떤 책임보다 자부심을 갖고 높은 윤리의식으로 무장하여 사회에 봉사한다는 신념으로 종사한다면 문제의 해결책은 강구될 것이다.

— ⑫ —

이런저런 이야기

정의 이야기

인류역사를 살펴보면 정의를 논할 때 세 가지 입장에서 정의를 바라본다.

첫째는 공리주의로, 공리주의는 최대 다수의 최대 행복이 올바른 삶, 즉 정의라고 한다.

그러나 소수의 희생을 정당화하고 비용편익 분석에 의한 계량적 행복만을 주장하기 때문에 문제가 있다.

둘째는 자유주의로, 자유주의는 인간의 존엄성과 자유, 평등 등 개인의 권리를 보장해 주고 계약에 의한 의무를 강조한다.

그러나 자유주의 역시 개인의 자유나 권리를 강조하다 보니 사회 공동선이나 사회 유대감이 부족하고 개인주의에 흐르면서 정치에 있어 도덕적 종교적 차원의 주요한 문제는 간여를 아니하고 중립을 지키려 한다. 결과적으로 사회적 미덕을 소홀히 한다.

셋째는 미덕을 함양하는 것이 정의라고 한다. 이는 국가나 공동체에 있어서 좋은 시민의 육성. 좋은 자질을 육성하는 것을 목적으로 하고 그 목적에 알맞은 행동과 사고를 미덕으로 칭송하여 보상을 해 주는 것이다. 오늘날 사회주의의 정의 이야기이다.

위의 이야기는 마이클 샌델의 주장이며 참고로 존 롤스는 정의론에서 평등원칙에 의해서 인간의 존엄성과 자유와 기회균등을 평등하게 보장해 주고 차등의 원칙에 의해 최소 수혜자에게 최대 수혜가 가도록 경제적 배분을 하는 것이 정의라고 주장하면서 공리주의와 자유주의의 단점을 보완하고 있다.

그러나 이 또한 아리스토텔레스가 주장하는 미덕의 가치를 소홀히 하고 있다. 위에서 언급한 정의의 3가지 입장에 따라서 오늘날 세계 모든 나라는 진보주의. 보수주의. 기독교. 이슬람교, 자유주의. 사회주의 등으로 대립, 반목 갈등을 보이고 있습니다.

따라서 정의의 입장에서 미국과 한국은 어떠한 처지에 있는지 비교 관찰할 필요가 있다.

미국이 올바른 방향으로 가고 있는지 여부는 차후에 살펴보고 우선 그들은 철학적 사상적 이념을 세우고 이에 충실하려고 한다. 다시 말하면 세워진 원칙을 행동으로 실천하려고 노력한다. 미국의 철학적 바탕은 공리주의에 입각하여 물질적 풍요와 행복을 목표로 하고 자유주의 사상에 입각하여 생산은 개인에 맡기고 분배는 자본주의적 시장주의에 의해 운영하는 것을 원칙으로 한다.

다시 말하면 공리주의와 자유주의에 입각해서 운영하다 보니까 물질적 풍요와 개인적 자유는 누릴 수 있지만 정치와 법이 도덕적으로 중요한 문제는 애써 피하려 하고 소홀히 취급될 수 있다.

이런 상황에서 시장주의에 의한 분배정책은 엄청난 빈부의 평등을 낳고 계층 간, 인종 간의 갈등이 첨예화되면서 도덕적 종교적 가치를 포함한 정의를 열망하고 있는 상황이다.

한국의 상황을 살펴보면 한국은 전통적으로 유교 사상에 입각하여 물질적 풍요보다는 충효사상에 입각하여 협동적, 정신적 감성적 가치에 중점을 두고 국가사회를 운영해왔다.

이런 상황에서 해방이후 미국의 공리주의와 자유주의가 들어옴에 따라서 우리는 유교의 수직적 문화와 미국의 자유주의에 입각한 수평적 문화가 엄청난 충돌을 일으키면서 정신적 육체적 공황 상태에 빠졌다.

이때 박정희는 민주주의적 철학적 인식도 없이 국민적 토론도 없이 부지불식간에 공리주의에 입각한 경제 건설과 안보 지상주의를 외쳤다.

박정희의 이러한 슬로건은 국민 통합을 끌어내면서 소위 천민자본주의, "잘 살아 보세"라는 한국판 공리주의로 나타

났다.

그 후 반세기가 흐른 지금 상황은 어떻게 전개 되 가고 있는가?

결론적으로 말하면 미국과 똑같은 전철을 밟고 있다. 다만 미국과 다른 것은 사상적 철학적 고민도 없고 원칙도 없다. 따라서 토론도 없다. 학연, 지연, 혈연에 의해서 이리저리 휩쓸릴 뿐이다.

오로지 물질적 가치만이 삶의 최고이며 다른 모든 도덕적 종교적 가치를 애써 무시하거나 포기하거나 모르거나 한다.

그리고 그러한 가치가 왜 중요한지도 모른다. 그러면서도 한편으로는 호기심에 의해서 무언가 다른 가치를 열망 하면서 물질만능의 피로중후군과 부의 분배의 불평등으로 인하여 현재 삶에 회의를 느끼는 사람이 너무나 많이 있다.

요즈음 강남좌파란 용어가 이러한 상황을 상징적으로 표현하고 있다.

따라서 이 시점에서 우리는 공리주의와 자유주의의 단점을 보완하면서도 미덕의 장점을 살릴 수 있는 정의로운 대한민국건설 이라는 정의의 깃발을 내세울 때가 되었다고 생각한다.

정의야말로 우리 시대의 삶을 살기 위한 가장 시급한 수단이라는 것을 인식해야 한다. 그런데 정의란 개념은 매우 모호해서 그냥 선(善)을 정의라 하고 토를 달지 말고 절대 선이라고 하자.

절대 선은 그냥 좋은 것이다. 그냥 좋은 것은 양심과 책임을 통해서 얻어지는 것이다.

도덕경 이야기

도덕경 제1장을 설명하기에 앞서 동양철학과 서양철학의 큰 차이를 살펴볼 필요가 있다.

우주 만물이 변화하지 않는 것이 없으며 이 변화 속에 우주 만물을 인식해야 되는데 동양과 서양의 인식 방법은 매우 다르다.

즉, 동양철학은 변화를 변화하는 상태에서 그대로 인식한다. 즉 관계로 사물은 인식한다. 따라서 동양철학도 좋게 말하면 깊이가 있고 오묘하고 신비롭다 할 수 있으나 한편으로는 사변적으로 흐르기 쉽고 객관화가 어렵다.

반면 서양철학은 변화를 인식함에 있어서 변화의 한쪽을 고정시키고 다른 한쪽의 변화를 비교하며 대상을 인식하려고 한다. 즉 사물을 실체로 인식한다.

예를 들면 서양철학의 아리스토텔레스의 고정된 절대적 이데아(idea) 사상이 대표적이라고 할 수 있다.

서양철학의 난제는 변화를 전체적 관점에서 통일적으로 인식하는 면이 부족하다는 것이다. 반면에 서양철학은 인식

대상이 명료하다는 것이다.

노자사상의 위대함은 사물의 변화를 인식하는 방법에서 서양처럼 고정불변의 어떤 원칙을 정하고 변화를 고정시켜 인식하는 것이 아니라 변화 그 자체를 있는 그대로 인식하려 했다는 것이다.

노자는 어쩔 수 없이 언어를 사용할 수밖에 없었지만 개념화를 극도로 지양하고 직관을 중시하며 상대적 관점에서 있는 그대로 인식하다보니 무위(無爲)사상이 나올 수밖에 없었다. 마치 오늘날 현상학과 같은 방법을 사용했던 것이다. 변화를 삶의 본질로 삼고 받아드린다면 참으로 삶이 풍부하고 다양하며 유연성을 받아드릴 수 있다.

그리고 변화의 본질을 알 수 있다는 것을 알면 겸손해지고 신비로울 것이다.

도는 임마누엘 칸트 철학자가 말하는 한계 개념과 같은 것으로 신이 아닌 우리 유한한 인간은 도저히 알 수 없다.

따라서 어느 정도 다양성을 인정하고 각자 최선을 다해 해석해 가는 구도의 자세를 보여야 한다. 어느 해석이 정답이라고 주장하고 비난한다면 그 또한 오류는 범하고 있을 수 있다.

다만 오류 속에서도 도의 일반적, 필연적인 객관성을 확보하는데 최선을 다해야 한다.

도덕경 제1장을 해석함에 있어서 위에서 언급한 철학적 관점에서 폭넓은 의역과 합리적 해석을 한다면 다음과 같다.

그리고 도덕경 제2장부터 끝까지는 도와 명의 원리와 작용 그리고 그의 적용에 의한 설명이다.

도덕경 제1장

① 道可道 非常道 名可名 非常名
도 가 도 비 상 도 명 가 명 비 상 명

② 無名 天地之始 有名 萬物之母
무 명 천 지 지 시 유 명 만 물 지 모

③ 故常無欲 而觀其妙 常有欲 而觀其徼
고 상 무 욕 이 관 기 묘 상 유 욕 이 관 기 요

④ 此兩者同 出而異名
차 양 자 동 출 이 이 명

⑤ 同謂之玄 玄之又玄
동 위 지 현 현 지 우 현

⑥ 衆妙之門
중 묘 지 문

① 도는 진리라 할 수 있다. 그러나 언제나 진리도 변한다. 명은 개념화이다. 그러나 명도 변할 수 있다.

② 무명은 직관으로 천지 인식의 시작이고 유명은 개념화로 만물의 현시화이다.

③ 고로 항상 무(비존재)의 입장에서 보면 천지의 기묘함을 볼 것이고 항상 유(존재)의 입장에서 보면 만물의 한계를 볼 것이다.

④ 무(비존재)와 유(존재)는 원천적으로 같은 것인데 이론이 다를 뿐이다.
⑤ 무와 유를 모르기는 마찬가지고 참으로 알기가 어렵다.
⑥ 무나 유는 많은 묘함의 문이다.

성철스님 이야기

성철 스님은 산은 산이요 물은 물이요(山是山 水是水) 선어(禪語)를 했다. 당나라의 청원화상과 고려의 백운화상도 이 말을 썼다 한다. 이 선어를 두고 수많은 세월, 그리고 수많은 사람들이 논쟁을 해왔다. 그러나 그렇게 시원한 설명을 듣거나 읽어보지를 못했다.

나는 불교나 한문에 문외한이지만 나름대로 사고시험을 거쳐서 그 의미를 이야기해 볼까 한다.

나는 나의 저서에서 우주 이야기 중에 무나 음양의 개념은 비존재 개념이고 인간이 인식의 한 방법으로 고안한 개념이라고 했다. 다시 말하면 무나 음양이라는 것은 존재치 않으며 오로지 유(有) 만이 존재한다는 것이다. 너무나 당연한 말이며 무가 존재한다면 말장난과 같은 것이다.

다시 말하면 유(有)는 유고 무(無)는 무라고 할 수 있다.

즉 유가 무가 될 수 없고 무가 유가 될 수 없다는 것이다.

이때 유라 함은 칸트에 의하면 대상이 오감에 힘입어 직관화된 현상을 지성(개념)이 규정(판단)한 것이며 무는 오감이 없이 지성(개념)만으로 규정(판단)한 사고물(즉 사변적 형이상학)을 말한다.

다시 성철 스님의 이야기로 돌아가서 산과 수를 유와 무의 개념으로 대체하면 성철 스님의 선어는 有는 有고 無는 無라고 할 수 있다. 객관적으로 사물 자체를 인식하려는 태도다.

다시 말하면 우주는 존재만이 있을 뿐이지 비존재는 없다는 말 이다. 따라서 존재치 않는 것에 대해서 편한 헛수고를 하지 말라는 것이다. 다시 말하면 언급된 "산"과 "물"은 상황이 달라짐에 따라 개념이 달라질 수 있는 것이기 때문에 해탈이니, 열반이니 하는 것에 대한 지나친 기대를 염려한 말일 수도 있다.

선어에 대한 또 다른 해석은 다음과 같을 수 있다.

객관성과 주관성의 구별은 어떻게 하는가. 객관성은 제3자의 관점에서 인식하는 것이다. 즉 인간이 아닌 자연이나 신의 입장에서 인식하는 것이다. 그런데 자연이 인식할 수 없다. 신은 인식할 수 있다 하지만 그 존재를 확인할 수 없다.

결국 인간의 입장에서 인식할 수밖에 없는데 그것은 결국 객관성이 없다는 것이다. 그래서 객관성의 정의를 다시 하는데, 인간의 인식에 있어서 보편성과 필연성이 있으면 객관성이 있다고 정의한다.

옛날에 당나라 청원의 유신선사 말함이

山是山, 水是水
산 시 산 수 시 수

山不是山, 水不是水
산 불 시 산 수 불 시 수

山是山, 水是水
산 시 산 수 시 수

山是山, 水是水
산 시 산 수 시 수

먼저 인간의 입장에서 바라보고, 두 번째는 자연의 입장이고, 세 번째는 신의 입장에서 볼 것이고, 네 번째는 다시 인간으로 돌아와서 본 것이다.

산과 물은 자연의 입장에서 생각해보고 신의 입장에서도 생각해보고 나서 다시 인간의 입장에서 본다면 처음 생각해 본 것과는 전혀 다른 느낌일 것이다.

그런데 주관과 객관에 대해서 칸트는 주관과 객관을 같은 원천을 가지는 것으로 대상의 객관성(대상에 대한 개념규정)을 결국 자아의식 통각(나는 생각한다)에 의해 주어진다는 것이다.

결국 주관성과 객관성은 인간의 관점에서 이뤄질 수밖에 없다는 것인데, 1000년 전 청원스님과 300백 년 전 칸트의 생각이 같았다는 것은 너무나 경이로운 일이다.

길 이야기

오래전에 영국유학을 갔을 때 영어도 변변치 못해서 여행이라는 것은 엄두도 못 냈다. 그러나 유학 2년차가 되니 가족들의 성화도 있고 해서 지도책을 사들고 자동차 여행을 떠난 적이 있다.

처음엔 목적지를 찾을 수 있을까 걱정했지만 지도만 잘 보면 예상대로 실수 없이 매번 잘 찾는 것을 경험하니 신기하기도 하고 내가 운전을 잘해서 그런 것 같다며 아내에게 자랑한 적도 있었다. 그러나 귀국하여 어디 한번 여행을 가려면 그렇게 짜증이 나고 심지어 겁부터 났다. 도대체 목적지까지 찾아가는 것이 왜 이렇게 어려운지 내가 운전을 못해서 도맹(道盲)이 된 것처럼 스트레스를 많이 받았다.

그 이후 나는 몇 가지 궁금증을 가지게 되었다. 왜 외국에서도 길을 잘 찾아가는데 한국에서는 길을 잘 찾지 못할까. 해결책은 없을까.

우리나라의 도로교통 표지판의 표시는 점 개념(위치표시를 지명 · 점 위주로 표시)으로 표시하여 정밀치 못하고 불편한 관계로 이 표지판을 따라 갈 경우 엉뚱한 곳이 나오는 것을 많이 경험하게 되는데 이를 선 개념(위치표시를 도로의 시작점과 끝나는 점을 선으로 연결한 것처럼 위치를 알 수 있도록 표시)으로 바꿔 정확하고 편안하게 원하는 위치를 찾아갈 수 있도록 해야 할 것이다.

우리나라의 경우 점 개념에 의한 도로교통표지판이기 때문에, 예를 들면 상암운동장에서 잠실운동장까지 운전자가 원하는 위치로 이동하기 위하여 도로표지판에 의존하여 가는데 도로표지판을 따라 정확하게 이동하려면 운전자의 현 위치에서 도착지까지 운전자가 인식하기 편하게 적당한 간격으로 수많은 표지판을 사거리, 삼거리 등 수많은 갈림길마다 표지판을 세워야 하나 이는 사실상 불가능하며 원하는 위치를 찾아갈 수 없다. 우리나라에서 이러한 문제점이 발생하는 이유는 운전자의 위치에서 도착지까지의 거리를 도로표지판에서 점 개념으로 표시하고 이에 의존하기 때문이다.

참고로 어느 일간지에 되는 일 없는 "도로명 사업 10년"이란 제목하에 "지혜길39"라는 팻말이 붙어 있지만, 지역주민들은 왜 이런 이름이 붙었는지도 잘 모른다"라고 소개하고 있다.

이런 이유는 행정자치부가 수행하는 도로명 사업에서 도

로안내판의 표시가 시작점과 끝나는 점을 표시하지 못하고 연속성 없이 위치 표시만 하고 있기 때문이다.

이러한 문제점과 해결책을 가지고 건교부에 교통표지판의 개선을 촉구하였으나 건교부의 답변을 보면 이미 선 개념의 도로표지판을 시행하고 있으며 향후 행정자치부 도로명 부여 사업이 완성된 후 지도 제작사에 도로명 안내지도 제작을 요청하겠다는 것과 함께 아래와 같이 두 장의 사진을 제출하면서 개정규칙대로 하면 아무 문제가 없다고 주장했다.

건교부의 이러한 설명에도 불구하고 지금도 길 찾아가기가 여전히 어려운 것은 어떻게 설명할 것인가?

우선 건교부 설명이 필자의 주장하는 선 개념과 모순된다는 것을 그림과 함께 설명하면 다음과 같다.

그림 ①번과 ②번을 비교하면 그 차이는 현행규칙 ①번 상단의 "사당역"을 방향표시 없이 위치표시만 하고 개정규칙 ②번에서는 방향과 함께 표시하고 또한 ①번에서 "사당역" 표시를, ②번에서는 "동작대로"와 숫자 90과 47로 변경하였을 뿐이다.

이것을 볼 때 도로의 시작점과 끝나는 점을 표시할 수 있는 필자의 선 개념을 단순히 노선 표시로 만 생각한 것이다.

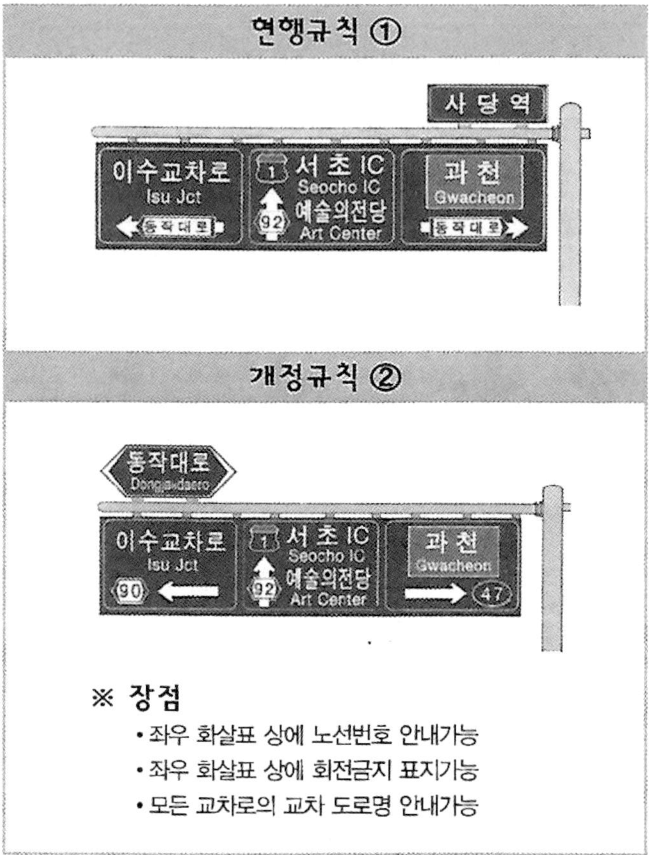

위의 두 사진을 비교하면 전혀 차이가 없고 위 안내판대로 판단을 하면 먼저 현 위치에서 볼 때 "동작대로"와 "이수교차로"의 시작점과 끝나는 점이 어디부터인지가 표시되지 못하여 길을 찾아가는 데 큰 도움이 되지 못하고 단순히 방향만 가르쳐 줄 뿐이다.

도로 안내표지는 운전자의 위치에서 시작점과 끝나는 점

을 예상할 수 있도록 표시해야 한다. 그리고 운전자가 어디에 위치하고 있는지를 알 수 있도록 해야 한다. 그러면 어떻게 표시해야 출발점과 도착점을 예상할 수 있는가. 다음 두 개의 그림을 보면서 설명해 보자.

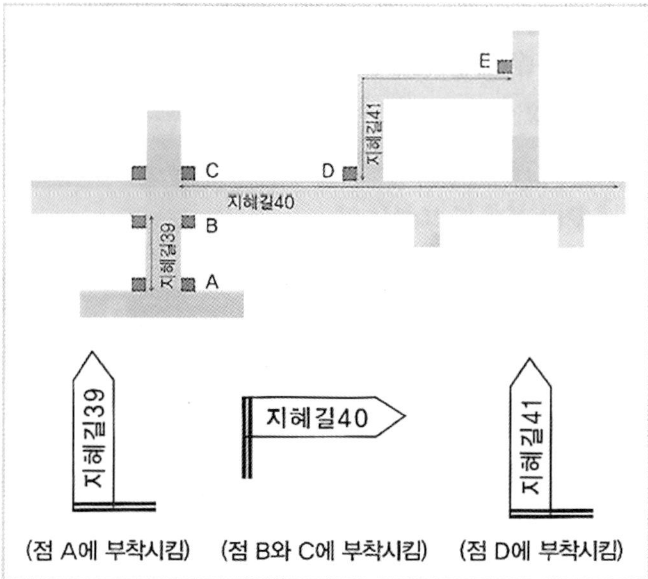

그림에서 보는 것처럼 실제 도로 A지점에 있는 운전자가 E지점의 목적지까지 찾아가려면 지도를 보고 자기가 어디에 위치하고 있는지를 알고 지혜길39가 A에서 B까지라는 것을 알고 지혜길40이 C지점에서 D지점까지며 지혜길41이 D지점에서 E지점까지라는 것을 알면 이를 암기하거나 메모를 한 다음 안내표지판에 따라서 지혜길39, 지혜길40 및 지

혜길41을 찾아가면 무사히 E지점에도 달할 수 있다. 이것이 선 개념에 의한 교통표지판 표기다.

그러나 문제는 우리나라 같은 무계획적 도시에서 선 개념의 교통표지판이 적용될 수 있느냐 하는 것인데 필자의 생각으로는 간선도로, 대로, 왕복 2차선 도로 정도까지만 선 개념 도로표지판을 우선 적용하여 실용성을 확인하고 홍보활동을 강화하여 인식의 전환을 꾀하며 나머지 세부적인 도로는 점차적으로 개선책을 마련한다면 실용적 제도로써 활용될 수 있으며 정착될 것을 확신한다. 그런데 정부는 반대로 골목길부터 서투른 선 개념 표지판을 적용한다. 정말로 한심하기 짝이 없다. 선 개념의 생명은 도로명의 시작점과 끝나는 점을 도로 표지판 자체로 정확하게 표시할 수 있어야 한다. 그런데 시작도 끝도 표시 없는 도로 표지판을 그야말로 시작도 끝도 없이 말뚝 박듯이 박아가고 있어 혼란을 가중시키고 있다.

결론적으로 말하면 먼저 도로에 이름, 즉 도로명을 부여하고 위 그림처럼 부여된 도로명을 교통안내 표지판에 표시하고 이러한 안내표지판을 교차로마다 부착하며 마지막으로 부여된 도로명을 지도에 표시하면 훌륭한 선 개념의 도로 안내가 될 수 있다.

음식물 이야기

꽤나 오래된 이야기인데, 옛날에 쓰레기 처리는 일주일에 한 번씩 청소차가 각 지정된 장소에 오는데 이날이 되면 청소차가 주변지역은 그야말로 난리를 방불케 한다. 각자 집에서 쓰레기통을 들고 나와 줄을 서서 청소차에 버리는 것인데 연탄재 먼지와 악취가 진동을 한다. 그런데 다행인 것은 먹고 살기가 어려운 시절이라 음식물 쓰레기는 별로 없는 것 같고 김장철에 무·배추 쓰레기가 많았던 것 같다. 그 이후 아파트가 많이 들어서고 나서 쓰레기는 아파트의 공동구를 통해서 배출하도록 했다. 일반 쓰레기와 음식 쓰레기가 혼합돼서 배출되기 때문에 각 층마다 엄청난 악취와 불편을 겪었다. 그 이후에 공동구를 폐쇄하고 쓰레기 종량제를 실시하고 있다. 종량제 실시 후 일반 쓰레기와 음식 쓰레기를 분리해서 엘리베이터를 통해서 사람이 쓰레기를 들고 배출해서 쓰레기 분류 장소에 버린다. 그런데 옛날이나 지금이나 음식물 쓰레기 처리는 항상 고역이다 나는 이 문제를 해결하기 위해서 나름대로 해결책을 제시하고 행정부의 답변을 들어보았다. 나의 음식 쓰레기 처리 방법은 아주 간단하다. 먼저 가정에 주방용 오물 분쇄기를 설치하고 이를 화장실 분뇨관에 연결해서 처리하는 것이다. 행정부의 답변은 현재 시설보다 비용이 더 많이 들어 결론은 나의 제안은 바람직하지 않다는 것인데, 그 이유는 다음과 같다. 먼저 음식 쓰레기 전용 정화조 설치는 비용이 많이 들고, 하수도 유출 가능성이 있다는 것이다. 또 한 가지 폐기물 감량화와 물 절약 정책에 부합 여부를 고려해야 한다는 것이다. 그러나 나의 생각에는 비용 편익 분석은 상황에 따라 달라질 수 있고 다수의 합의를 보면 해결될 수 있는 것이고 주방용 오물 분쇄기 설치 자체를 반대하는 것이 아니라면 이미 외국에서도 많이 상용화된 제도를 우리라고 도입 못할 이유는 없다고 판단된다. 음식 쓰레기 처리 문제로 국민 사이에 엄청난 갈등과 불편을 일으키고 있다는 점을 감안하면 이번에는 꼭 음식 쓰레기 처리 방안이 합리적으로 처리되었으면 한다.

사거리 원두막과 인공폭포 이야기

나는 운동 겸 해서 시내를 걸어서 잘 돌아다닌다. 한여름 도보를 걷다 보면 필연적으로 횡단보도와 직면하는데 적어도 30초에서 1분 가까이 기다리게 된다. 그런데 더운 여름날 짧은 시간이지만 횡단보도에서 기다리는 것이 꽤나 어색하고 유쾌한 일도 아니다. 그래서 횡단보도 앞에 원두막처럼 대기 장소를 만들어 준다면 참으로 유쾌한 걷기가 될 것 같다. 한 13년 전 이런 아이디어를 생각하고 나름대로 정책에 반영될 수 있도록 제안한 바 있다. 그 후 잊고 있다가 횡단보도 앞에 내가 생각한 대로 그늘막이 설치된 것을 보고 깜짝 놀랐다. 하지만 내 아이디어가 먼저인진 나중인지는 모르지만 너무 형식적이라는 생각이 들었다. 첫째는 우산 모양의 그늘막이 충분한 그늘을 만들지 못하고, 둘째는 무엇보다 횡단보도 전면에 설치되어 있지 않기 때문이다. 그늘막을 낮게 하고 건널목 앞뒤를 커버하여 많은 그늘을 확보해야 한다.

그리고 그늘막 옆에 음료대를 마련하면 정감이 있을 것

같다.

도시 근교 등산을 하다 보면 더운 날씨에 산에서 물을 만나는 경우는 매우 드물다. 산에 물이 있을 때 그늘이 생기고 휴식이 있다. 그리고 물이 있을 때 마치 사막에서 오아시스를 만나는 것처럼 동식물이 살아갈 수 있다. 산에 물이 없다면 관정을 파서라도 물을 순환시키면서 인공폭포를 많이 만들었으면 좋겠다. 특히 서울의 4대 산인 북악산, 남산, 낙산, 인왕산 등에 많은 인공폭포를 만들고 주변에 발이라도 담글 수 있는 휴식처를 만든다면 정말 좋은 산이 될 것이다.

Part II

그림 이야기

보이지 않는 교회 (53×65) 최양규

아름다운 분노(빛고을 가는 길)(91×116) 최양규

인왕산삼계(仁王山三界) (81×116) 최양규

노화가 (38×46) 최양규

죽은자가 산자를 (32×41) 최양규

흐르는 꽃과 나비 (32×41) 최양규

외로운 슈퍼스타 (31×40) 최양규

신은 우리를 엿보고 있다 (53×65) 최양규

신, 자연 그리고 나 (66×54) 최양규

풍경 I [봄] (53×46) 최양규

풍경 II [여름] (53×46) 최양규

풍경Ⅲ [자유] (42×53) 최양규

풍경 IV [가을] (53×46) 최양규

봄 (53×46) 최양규

실낙원 (53×46) 최양규

인왕산 추억 (53×46) 최양규

연꽃 (53×46) 최양규

막고굴을 찾아서 (53×46) 최양규

봄의 군상 (53×46) 최양규

희망 (53×46) 최양규

서울역 (45×37) 작가미상

워릭성 (65×51) 최양규

고래를 찾아서 (53×46) 최양규

여정 (53×46) 최양규

인내[겨울] (52×37) 최양규

가을속 속삭임 (53×33) 최양규

우주(53×34) 최양규

Last Drive at old course (17×12) 작가미상

이야기를 마치며

사람이 태어나서 몇 가지 할 일이 있다고 한다. 그중에서 몇 가지 이야기하면 먼저 자손을 낳아 기르고, 그다음에 나무를 심고, 끝으로 책을 쓰라고 했다. 어렸을 때부터 나는 이 일을 할 수 있을까, 정말 했으면 좋겠다고 염원했다. 지금 나는 결혼해서 두 아이의 아버지이고, 좋은 아내와 함께 즐거운 가정을 꾸려가고 있고, 이제 아주 보잘것없는 책이지만 지금 탈고를 했다. 이제 나무만 심으면 나름대로 인생의 할 일을 어느 정도 해놓은 것 같다. 물론 이 세 가지가 물질성과 상징성을 모두 포함하고 있다고 생각한다. 이 세 가지의 공통점은 미래에 대한 투자인 것 같다. 미래를 위해서 현재에 적응하고 극복하다보면 미래가 현실로 될 것이다.

정말이지 책을 다 쓰고 나니 이렇게 마음이 후련할 수가 없다. 물론 부족하고 부끄러워서, 그리고 워낙 글 쓰는 재주도 없어 책을 썼다고 말할 수 없지만 그래도 내가 평생을 생각하면서 옳다고 생각하고, 말하고 싶었던 것을 나 자신을 확인하고 정리하고 싶다는 마음으로 표현을 했다.

사실 그동안 나의 삶을 뒤돌아보면, 어렸을 땐 생활고와 공부하느라고 정신이 없었고 젊었을 때는 직장과 가정을 꾸려 가느라고 정신없이 살아왔다. 이러다 보니까 생각할 여유도 없었고 나의 생각과 행동이 남들과 같지 않다 해도 어쩔 수 없이 조직의 생각과 행동을 무비판적으로 따라해 왔다.

그렇게 하는 것을 미덕으로 알고 삶의 전부인 것처럼 살아온 것이다. 물론 마음속으로는 당장 이건 아닌데, 이렇게 사는 것은 아닌 것 같은데 하는 심적 부담이 수없이 많았다. 그러다 보니 남들과 자연히 멀어지고 이방인처럼 떠돌아다닌 것 같다. 다행히 나의 성격이 타인에 대한 이해와 양보가 많아서 대과(大過) 없이 직장 생활을 해온 것 같다.

이제 이 책을 통해서 내가 하고 싶었던 이야기, 그리고 나의 사고와 행동에 관한 것들을 자연스럽게 이야기하고 쓰게 되었다. 남들이 보면 그 정도 수준이냐고, 유치한 수준이라고 말할 수 있지만 나름대로 문제점을 도출하고 창의적이면서도 근본적인 해답을 평소 생각했던 대로 썼음을 이해해 주기 바란다.

앞으로 부족한 점은 계속해서 다듬어 나갈 예정이다. 그러나 이제 우리는 삶의 목적에 대해 한번 심각하게 반성하고 다시 삶의 가치, 보람 등을 재정립해 나갈 시점에 온 것 같다. 절대로 지금과 같은 물질 숭배적 삶은 우리가 추구해야 할 인생의 목표는 아닌 것 같다.

사람이 타인에게 피해주지 않으며 성실하고 정직하면서 부지런한 것은 어느 곳이나 어느 때나 바람직한 덕목이나 이런 바람직한 덕목을 "부자 되세요"로 사용해서는 안 된다.

그러면 대안적인 삶이 어떤 것이냐 하고 반문할 수 있지만 반문하기에 앞서 1960년대부터 앞만 보고 경제 제일주의로 달려온 삶에 대한 심각한 반성이 있어야 한다. 그리고 우리는 그 반성 위에서 각자의 삶을 성찰하고 계획을 세워 살아가는 습관을 게을리해서는 안 된다고 생각한다.

나의 철학 이야기와 그림

2025년 6월 30일 초판 1쇄 발행

저 자 | 최양규
펴낸이 | 김병환
펴낸곳 | 학자원
주 소 | 서울시 강동구 천호대로 1121
전 화 | 02) 6403-1000
팩 스 | 02) 6338-1001
E-mail | hakjaone@daum.net
등 록 | 2011년 3월 24일 제2011-14호

ISBN 979-11-6247-355-9 03300

값 15,000원